区域高质量发展研究丛书

总主编　周民良

贵港市工业和信息化委员会《提升贵港制造业竞争力研究》课题（课题合同编号：2017—096）
宁夏生态文明建设研究中心（智库）生态经济政策专项
中国社会科学院学科建设登峰战略区域经济学重点学科建设项目
中国社会科学院创新工程项目
国家民委"一带一路"建设与"十三五"兴边富民推进研究（课题编号：2017—GMB—034）

GUIGANG'S MANUFACTURE DEVELOPMENT MODEL:
SUMMING UP THE EXPERIENCE AND LOOKING FORWARD THE FUTURE

贵港制造业发展模式：
经验回望与走向前瞻

周民良◎主编

经济管理出版社
ECONOMY & MANAGEMENT PUBLISHING HOUSE

图书在版编目（CIP）数据

贵港制造业发展模式：经验回望与走向前瞻／周民良主编. —北京：经济管理出版社，2020.5

ISBN 978-7-5096-7120-7

Ⅰ. ①贵… Ⅱ. ①周… Ⅲ. ①制造工业—竞争力—研究—贵港 Ⅳ. ①F426.4

中国版本图书馆 CIP 数据核字（2020）第 081349 号

组稿编辑：张　艳

责任编辑：张　艳　乔倩颖　张馨予

责任印制：黄章平

责任校对：董杉珊

出版发行：经济管理出版社

　　　　　（北京市海淀区北蜂窝 8 号中雅大厦 A 座 11 层　100038）

网　　址：www. E-mp. com. cn

电　　话：（010）51915602

印　　刷：北京晨旭印刷厂

经　　销：新华书店

开　　本：720mm×1000mm /16

印　　张：17. 25

字　　数：239 千字

版　　次：2020 年 6 月第 1 版　2020 年 6 月第 1 次印刷

书　　号：ISBN 978-7-5096-7120-7

定　　价：68. 00 元

序 一

积极贯彻新发展理念 推动区域高质量发展

中国社会科学院荣誉学部委员、工业经济研究所研究员 汪海波

在党的十九大报告中，习近平总书记做出如下重大判断，"我国经济已由高速增长阶段转向高质量发展阶段"，要在坚持质量第一、效益优先的基础上，"推动经济发展质量变革、动力变革、效率变革"，以提升我国综合国力与国际竞争力。习近平总书记的重大论断，既表明我国经济发展方式需要重大转变，也指明了今后经济发展的奋斗目标。经济科学研究要服务于国家大局，做好高质量发展问题的研究。区域高质量发展研究是国家高质量整体研究的重要内容，要抓好抓实。

确定高质量发展重大方略的初衷，乃是因为我国经济总量已经上升到全球第二位，以往过于依赖的出口导向型增长难以维持下去，依赖于投资拉动经济增长模式负面效应出现，需要更加注重转变经济发展方式，寻求增长动力转换；经济发展中的不平衡、不协调、不可持续性问题依然存在，推动绿色发展、让发展成果更好惠及民生的工作任重而道远；产业结构、城乡结构、地区结构还不适应现代化经济发展需要，需要调整与优化；政府管理体制、行政决策模式、工作执行机制等还有许多不适应现代化经济发展的地方，亟待通过深化改革加以解决。

以习近平为核心的党中央站在实现中华民族经济复兴的高度，提出创

新、协调、绿色、开放、共享的新发展理念，为推动我国经济科学发展、高质量发展提供了重要遵循。推动新发展理念在全国各个行业、各个领域、各个地区贯彻实施，是一项功在当代、利在千秋的重大工作任务，需要政府、企业、个人采取共同行动，形成推动高质量发展的合力。尤其是，我国各地资源与要素禀赋存在较大差异，探索推动区域高质量发展任务繁重，需要集成各方面智慧与力量。必须把贯彻落实中央重大决策与本地工作实际结合起来，把增强本地比较优势与发掘本地竞争优势结合起来，统筹解决好改革、发展、稳定之间的关系，有重点、有针对性地解决制约本地高质量发展的瓶颈问题、关键问题与障碍问题，以便在各地具体政策资源动员与政策实践中，更好地发挥优势、规避劣势，更有效率地建设高质量发展区域，支撑国家层面的高质量发展。

推动区域高质量发展，是国家高质量发展的重要组成部分。要推动区域高质量发展，必须处理好一系列重大关系，包括政府与市场的关系、传统动能发挥作用与新动能培育关系、公平与效率的关系、贯彻国家大政方针与因地制宜关系、环境建设与项目建设关系，等等。如何理顺政府与市场关系依然是重中之重。政府应该进一步深化体制机制改革，激发社会投资与消费活力；应该实施积极的创新激励政策与规范的知识产权政策，鼓励企业与科研人员创造新技术、新产品、新工艺、新设备，促进创新成果产业化转化；应该处理好稳增长、防风险、惠民生之间的关系，而不是为了追求增长短期行为损害各方利益或者长远发展目标；应该纠正市场的扭曲结果，而不是让市场扭曲进一步加剧；政府应该扶弱济困，长期不懈地落实好各类反贫困方略与政策。

推动经济高质量发展，需要学术界尤其是智库配合与支持，以便专业化地为区域高质量发展提供智力支持与服务。中国社会科学院作为国家权威高端智库，长期以来为党中央、国务院重大决策提供政策咨询、政策建议、文件起草、政策宣讲、政策解释等服务，同时各研究机构的专家也结合自身专长，为地方政府提供规划思路、形成解决方案、完善政策管理、促进科学决策贡献大量针对性、合理化谋略与咨询意见，赢得了各地政府的好评。著名经济学家、中国社会科学院院长谢伏瞻教授在中国社会科学院工业经济研究所成立四十周年大会上明确提出，经济学研究要坚持问题导向，为高质量发展提供智力支持，描绘了中国社会科学院科研工作主导方向，也为各机构学术团队的研究提出了明确要求。在我看来，作为中国社会科学院从事应用经济研究的学术团队，就应该积极落实中央对智库研究的要求与中国社会科学院的工作部署，深化对国家大政方针、国内外变化趋势、经济发展理论与技术创新前景的熟悉与了解，以高质量的学术研究服务于国家的高质量发展，通过不懈努力提供优秀学术成果，在学术报国中建功立业。

中国社会科学院工业经济研究所周民良教授的研究团队，近年来结合国家和地方课题，在服务于区域高质量发展方面做了一系列努力。这些研究工作把推动国家高质量发展的相关政策与各地的具体实际相结合，把理论研究与实地调研相结合，把文献研究与数据研究相结合，积极探索符合各地规律的高质量发展之路，向中央相关部门和一些地方政府提供了区域高质量发展的意见和建议。同时，周民良教授的研究团队也把研究范围从地区层面拓展到全国层面，从全国整体区域发展的角度，开展了有价值的国家层面的区域高质量发展研究。

在经济管理出版社和中国社会科学院工业经济研究所的大力支持下，由周民良教授主编的区域高质量发展丛书将陆续出版。从最终研究成果清单上可以看到，这些成果中，有些著作是与地方政府部门合作完成，有些著作是研究团队独立承担工作的结项成果，有些著作是少数几个学者的合作研究，也有些著作是学者个人的学术成果。这些成果都围绕区域高质量发展展开，有经验总结、有问题分析、有内外比较、有政策建议。而从研究范围看，这些学术成果具有一定覆盖面和代表性：有聚焦于沿海地区的研究，有关注民族地区的研究，有关于"一带一路"的研究，也有关于兴边富民的研究。这些研究，都与中国区域高质量发展具体实践和中央大政方针相一致，属于这个时代学者创造性劳动的结晶，体现中国社会科学院高端智库在区域高质量发展研究方面对国家和地方的贡献，具有一定的学术价值与政策应用价值。

作为一个长期从事工业经济理论与实践研究的学者，我希望，周民良教授的研究团队在高质量发展方面继续深化研究，做出更多于国家于社会有益的贡献。

序　二

以服务区域高质量发展为智库崇高使命

中国社会科学院工业经济研究所研究员、博士生导师　周民良

　　党的十八大后，党中央积极应对国内外经济社会发展变化的形势，从全国经济持续、健康、稳定发展的角度，提出了一系列重大战略对策与决策。尤其是，在党的十八届五中全会上，中央提出创新、协同、绿色、开放、共享的新发展理念，成为推动全国经济持续、平稳、健康发展的重要指针。党的十九大进一步提出我国已经从高速增长阶段转向高质量发展阶段的重大论断。作为国家级智库成员，应该本着围绕中心、服务大局的思维，为国家尽心尽力，努力研究好涉及区域高质量发展的各类重大问题，为推动中国区域高质量发展贡献力量。本丛书是中国社会科学院从事区域经济研究的智库成员所做的研究的一部分。

期待创新是在国家级智库区域研究的心愿与心得

　　笔者 1991 年博士毕业后，就一直在中国社会科学院工业经济研究所工作。在这个研究所的区域经济研究室，一直工作了近三十年。作为一个学习了多年地理学的人，转身从事区域经济研究，有许多新内容需要补充学习。但在国家级智库，名家众多，因而不敢有半点懈怠，每年争取更多更好地完成科研工作，也算在一个较小研究领域取得了一些不算虚度光阴的

成绩。

虽然自己撰写的大小文章有近 500 篇，获得奖项有数十项，但是深感研究中能够拿得出手的成果还不多。屈指数来，自认有这几方面创新之处。

第一个有点意义的学术努力，是对中国区域差距扩大方向有些个人认识。以往人们习惯性地认为，中国的区域差距就是指东西差距。但是，在对国家经济重心进行计算后，笔者发现原来国家的经济重心是在南北方向移动而不是东西方向移动。这意味着，中国区域差距的扩大方向是在南北向展开的。解释这一点其实不难。这就是，在传统体制下东北在国家经济中的重要性要大得多，但改革开放后东北在全国地位下降，而南方在全国经济中的地位上升。这种市场化推进基础、起步的差别，导致了经济发展绩效的不同，最终引起中国地区经济版图发生根本性改变。

第二个有点意义的学术努力，是对中国区域发展战略提了一些自己的认识。区域经济发展战略以往的主流观点是，实行区域非均衡协调发展战略。但这里面，就有涉及两个名词组合下诸多概念如何解释的问题。可以把均衡与协调正反意义组成四对词组：均衡协调、均衡非协调、非均衡非协调、非均衡协调，这诸多概念如何界定、如何划清，划清以后如何出现或者实现，不同类型怎样转换，涉及的头绪很多，难以厘清。而且，非均衡协调发展究竟以什么优势胜出其他类型，很难在理论和实践意义上进行刻画。笔者认为，科学调控的不平衡发展战略比非均衡协调发展概念要好些，较为清楚地解释了区域发展的战略方向，并分清政府与市场在其中的不同作用。市场经济始终表现出某种意义上的不平衡发展趋势，但政府可以通过科学调控方式引导市场和干预市场，促进市场机制与政府调控目标结合，是一种相对清晰与合理的战略模式。

第三个有点意义的学术努力，是对新型城镇化问题进行了一些研究。党中央提出新型城镇化概念以后，引起社会各界关注，新型城镇化概念是什么，新型城镇化与传统城镇化的区别是什么，新型城镇化如何实现，这些问题需要学术界加以解答。区分了新型城镇化与传统城镇化，对以开征房地产税实现新型城镇化表现了期待。在推进新型城镇化中，笔者一直坚持反对泡沫经济，泡沫经济与中国梦和新发展理念背道而驰，无论对各地的高质量发展还是国家层面的高质量发展都有害无益。

第四个是对区域发展的学术努力，认为没有必要去计算区域绿色GDP。笔者认为，绿色 GDP 理论还不够成熟完善，以绿色 GDP 考核政绩更是无稽之谈，为此撰写了《绿色 GDP 诚可贵，惩处机制价更高》《关于绿色 GDP 核算理论及与政策的研究》两篇文章。笔者认为，绿色 GDP 难以计算，主要在于自然环境是天然生成物，不是人类加工产品，不能进行市场化交换，因而计算绿色 GDP 的价值意义不大而且很难得出正确结论。马克思在《资本论》中就曾讲过，价值是在交换中产生的。GDP 的基本含义就是人类提供的生产与服务价值之和。空气是自然形成的生存环境，我们无法估量它的 GDP 含义；大量绿色植被释放氧气、涵养水分，生态价值珍贵，但因不经过市场交换也难以估价。一些国际专家就曾说过，也许绿色 GDP 永远也算不出来，因为环境无价。党的十八大以后，以习近平为核心的党中央站在全国高质量发展角度，把"绿水青山就是金山银山"作为重要理念贯彻实施，强化了环境问责和淘汰落后产能力度，全国各地的环境质量出现了明显好转。没有绿色 GDP，完全可以开创广阔绿色空间。

除此之外，笔者还一直关注制造强国、技术创新甚至生产安全。笔者曾经提出"矿长下井"的建议，一度为国家采纳，用于煤矿安全管理。

从整体上，笔者所做的研究还是以区域经济为多。作为国家级智库成员，笔者多年来撰写了较多区域发展文章，从东北振兴、中部崛起、沿海率先到西部开发，都有个人作品。党的十八大以后，笔者在"一带一路""京津冀协同发展""雄安新区建设""粤港澳大湾区"建设等方面做了些有益研究。

党的十九大提出高质量发展重大战略后，区域高质量发展的研究空间已经打开。笔者认为，智库成员尽心竭力开展这一领域研究正当其时。

区域高质量发展需要关注时代重大命题

党的十八届五中全会提出的新发展理念，力图与传统发展模式相区别，党的十九大再次重申坚持新发展理念。中央领导把新发展理念作为指挥棒，按照指挥棒指引则能够实现高质量发展，但我们依然看到某些城市以人才招聘为名，搞泡沫经济为实，脱离了新发展理念轨道，这当然不是走向高质量发展；某些落后地区的地方领导盲目效仿其他地区大铺摊子建立大格局，则难以实现高质量发展。按照围棋原理，格是规则，新发展理念也是，落实好新发展理念才能奠定高质量发展之局。假若新发展理念不能贯彻实施，那么高质量发展的格局就是空中楼阁。

笔者认为，从推动区域高质量发展的角度看，以下若干方面值得关注：

——研究区域高质量发展面临的环境与背景。要着眼于区域高速度发展转向高质量发展的全球环境、市场变化、政策变化、供求形势，研究内外环境变化、背景与高质量发展之间的关系，注重研究在变化背景下高质量发展面临的机遇与挑战。要在分析中把握哪些环境因素对区域高质量发展构成硬约束，区域高质量发展可以改变哪些内外环境，从而形成可变背景下区域高质量发展的合理路线。

——研究区域高质量发展的要素组合与结构。任何一个区域的高质量发展，都涉及要素投入、要素组合与合理运行，劳动力、技术、资本、土地、资源等投入，好的产品、专利、标准等产出。区域高质量发展是在同一起始条件下，形成不同的产出效率，更好地配置与优化要素组合与结构，最终产生更好的经济效率。

——研究区域高质量发展的演变规律。就是要研究区域高质量发展的基本阶段、判断依据与主要特征，不同类型区域高质量发展的变化方向、最佳路径，支撑区域高质量发展的主要因素和体制机制规律。在后发国家或者后发地区，有时会存在这样的案例：从低水平低质量发展阶段，通过努力演变到低水平高质量阶段，然后进一步优化结构，达到高水平高质量阶段，演变规律有经典意义。

——研究区域高质量发展的基本理论。就是从当代经济学研究出发，研究区域高质量发展的供需关系、数量、质量、效益关系、区域高质量发展的运行模式，形成有关区域空间优化配置、促进高效发展的理论观点和学说，甚至还可以建构不同区域高质量发展流派。除此之外，可从定量研究角度构造区域高质量发展的模型，研究其适用条件与限制因素，对区域高质量发展进展与目标进行测度，对不同地区高质量发展的进展进行比较。

——发掘区域高质量发展的国际经验。作为一个后起的发展中大国，中国走的是发达国家已经走过的道路。许多发达国家都经过高速发展阶段向高质量发展阶段的转变过程，也留下了许多有益的经验。在现实生活中，美国的硅谷常常被用于说明是高科技企业集聚、产学研结合较好的典范，而美国的大都市连绵带也作为城市群的建设方向，引起世界各国研究者的注意。

——提炼国内区域高质量发展的成功模式、经验与成因。在全国不少地区，区域高质量发展工作推进成效明显，国务院为此每年都有对典型地区的表彰活动。总结成功的经验和模式，发现其特殊做法与示范含义，寻求其成因和规律性，可以通过行政命令方式推广。当然，寻求区域高质量发展模式中，既要发现好人好事，也要注意发掘严重违反新发展理念的"坏人坏事"。如果个别地区个别政府官员违反新发展理念，追求短期行为，损害了长远发展方向，为扬善抑恶，也有必要对一些地区的发展教训加以总结，提醒上级政府加强干预，避免更多地区逆向选择、损害高质量发展的宏观大局。

——探索中国区域高质量发展的方向与重点。应该从全国整体区域高质量发展角度出发，考虑哪些地区是潜在高增长区域，需要解决哪些问题；哪些地区是矛盾与问题的高发地区，需要治理这些地方的"区域病""城市病"；哪些区域存在关联症，要把不同类型或者跨地区问题一体化解决。在这其中，可以开展分区域高质量发展研究。比如，高质量东北振兴、高质量中部崛起、高质量沿海发展、高质量西部开发、高质量兴边富民、高质量扶贫开发，等等，以不同类型、不同区域的高质量发展支撑全国高质量发展。就沿海地区来看，按照中央确定的既定政策，粤港澳大湾区、京津冀、长三角都是国家关注的政策重点，推进这三个地区的高质量发展也应该是国家政策的重中之重。

——探索个别地区的高质量发展。从新发展理念角度出发，研究任何一个区域的高质量发展，都需要研究高质量创新发展、高质量绿色发展、高质量开放发展、高质量共享发展，等等，但是各地区环境背景不一样，需要解决的问题不一样，因而，在具体方向与举措上应该各有差异。当然，研究区域高质量发展，可能需要细化研究专题。比如，有些地区就需要重视区域高质量发展中的产业转型与产业支撑；有些地区需要突出高质量扶贫开发、高质量医疗体系建设、高质量基础设施建设、高质量自贸区建设、高质量新型城镇化、高质量工业强市、高质量乡村振兴、高质量公共服务均等化、高质量招商引资、高质量养老保障、高质量教育发展，等等。

——探索区域高质量发展的实现形式。区域高质量发展涉及区域资源有效配置。要通过改革体制机制、改善营商环境、规范政府管理、加强人才培养、推进一体化市场形成等方式，焕发经济活力，构筑对区域高质量发展的有效支撑。

——探索区域高质量发展的政策举措。我国的政策管理，既有自上而下的政策手段与工具，也有各级政府的行政授权和行政裁量权派生的政策工具，地区高质量发展必须实现这两类工具的有机结合，以高质量的政策组合推动实现高质量的区域发展。

在研究的知与行中学习传承家国情怀

中国区域面积辽阔，各地差距较大，自然面貌、山水风景、经济基础、社会文化都有不同表现，不可能由一种模式包打天下。推动区域高质量发展，需要深入调查研究，因地制宜地提出方案、思路、建议，为中央和地方政府的决策服务。所谓因地制宜的路径，就是在中央大政方针的基础上，了解各地的基本资源环境、优势劣势、要素组合、发展潜力等状况，探究下一步对策，提出切合实际的发展思路。正因为如此，要求一个区域高质量发展的最优答案，就要重视深入调查研究，把寻找不同点与寻找相同点结合起来，寻求地区发展的特色解，千万不能把一地的研究结论机械照搬、盲目复制到另一地。所谓"橘生淮南则为橘，生于淮北则为枳"，就是要从读万卷书、行万里路中观察差异、了解变化、撰一二文、尽三两言。

由此笔者联想到陆游、张载、韩愈三人的三首诗，陆游是江浙人、韩愈是中原人，张载是笔者同乡。

宋代陆游在《归次汉中境上》一诗中云："云栈屏山阅月游，马蹄初喜蹋梁州。地连秦雍川原壮，水下荆杨日夜流。遗虏屡屡宁远略，孤臣耿耿独私忧。良时恐作他年恨，大散关头又一秋。"笔者觉得，本诗算是陆游代表作之一，有区域天下之意。诗中提到汉中、云栈屏山、梁州、秦雍、荆杨、散关都是地名，纵横南北东西，表现了诗人"心在天山、身老沧州"的家国情怀。研究区域高质量发展，确实需要了解祖国的山川人文，获得各地不同发展状态的充分信息，在胸怀国家、心忧天下中，为地区高质量发展尽心尽力。

张载有诗："芭蕉心尽展新枝，新卷新心暗已随，愿学新心养新德，旋随新叶起新知。"研究区域高质量发展，需要与时俱进，推出与时代同呼吸、与人民共命运的创新作品，要时刻保持高度的理论自觉与实践自觉，在研究区域高质量发展中，查看新枝、保持新心、伴随新叶、求得新知、积养新德、书写新卷。

撰写本序言之时，正值人间三月春光明媚之时，京城"两会"召开、各界共议国事之际，遂想起韩昌黎一首人所共知的诗词，颇能代表春风杨柳下的个人心境："天街小雨润如酥，草色遥看近却无。最是一年春好处，绝胜烟柳满皇都。"一年一度春暖花开之时，雨后的柳绿草新，最能展现与现代都市对照相谐的自然胜景。京城有许多国家级智库，人文荟萃，名家众多，我们区域经济研究团队是其中一支小分队，愿意学习各家智库的好经验、好观点、好设想、好建议，与各智库携手合作，深化对区域高质量发展的研究。

如果说陆游、张载、韩昌黎是古代名家的话，就有必要展示现代名家的区域观。毛泽东终生清廉、忧国忧民，十分熟悉各地的山川大势、风土人文，在许多文章与诗词中都表达了他深厚的国家观和区域观，这里摘取其中一篇《菩萨蛮·黄鹤楼》的著名诗词："茫茫九派流中国，沉沉一线穿南北。烟雨莽苍苍，龟蛇锁大江。黄鹤知何去？剩有游人处。把酒酹滔滔，心潮逐浪高！"1927 年，大革命面临低潮时期，毛泽东驻足黄鹤楼，面对自西向东的长江和贯穿南北的京汉铁路，感慨万千，抒发了一个年轻人在时局不确定下的壮志豪情，也见证了毛泽东眼中扩展的区域空间。

研究区域高质量发展，就是要在前有古人后有来者中，抱有厚德载物、爱国利民情怀。在国内外形势复杂多变的背景下，向中国历史上先贤的闪光思想与智慧学习，向中国建设和改革中的伟大人物学习。"苟利国家生死以，岂因祸福趋避之"，国家至上，人民为大。本丛书顾问汪海波先生年近九秩，依然心系国家、关怀苍生，笔耕不辍、迭有新作，是我们研究团队的学习榜样，感谢汪先生对丛书的殷切关怀。我们将持续从自身做起，学习好各类政策文件中的重大区域战略决策，把文件所学与实地所见结合起来、把理论研究与调查研究结合起来、把定量分析与定性分析结合起来，尽可能从研究角度为区域高质量发展多做贴心事、暖心事、实心事，为国家富强、民族复兴、人民幸福尽微薄之力。

目 录

第一章 提高贵港制造业竞争力的现实背景与重大意义 … 1

第一节 全球经济分化中的工业化………………………………… 3

第二节 世界各国注重提升制造业竞争力………………………… 7

第三节 建设制造强国是国家重大战略…………………………… 9

第四节 广西各地展开工业强市建设锦标赛……………………… 16

第五节 提升制造业竞争力对贵港具有重大意义………………… 21

第二章 评价制造业竞争力的定性与定量标准……………… 29

第一节 竞争力理论发展动态 …………………………………… 31

第二节 国内外竞争力评价的实践进展 ………………………… 33

第三节 贵港制造业竞争力评价的内涵与要素 ………………… 35

第三章 贵港制造业发展现状与竞争力的综合比较……… 39

第一节 贵港工业化发展阶段与制造业发展现状 ……………… 41

第二节 贵港制造业规模竞争力的比较分析 …………………… 47

第三节 贵港制造业结构竞争力的比较分析 …………………… 52

第四节 贵港制造业成本竞争力的比较分析 …………………… 58

第五节　贵港制造业效益竞争力的比较分析 …………………… 62

第六节　贵港制造业品牌质量竞争力的比较分析 ……………… 63

第七节　贵港制造业绿色竞争力的比较分析 …………………… 64

第八节　贵港制造业区位竞争力的比较分析 …………………… 66

第九节　贵港制造业政策竞争力的比较分析 …………………… 68

第十节　贵港制造业竞争力综合指数比较分析 ………………… 69

第四章　贵港模式及其理论解释 ……………………………… 75

第一节　应改变民族地区等同于落后模式的标签化思维 ………… 77

第二节　后发城市实现赶超的贵港模式已经形成 ……………… 79

第三节　贵港模式是落实"四个下功夫"的典型体现 ………… 84

第四节　贵港模式的理论解释：破除路径依赖与推进外围

　　　　中心化 ……………………………………………… 92

第五节　贵港模式的示范意义 …………………………………… 97

第六节　守正方能再出奇　强市还需过大关………………… 100

第五章　提高贵港制造业竞争力的整体思路……………… 113

第一节　提升贵港制造业竞争力的指导思想与原则…………… 115

第二节　对贵港制造业的发展定位…………………………… 116

第三节　贵港制造业发展阶段与目标………………………… 118

第四节　提升贵港制造业竞争力的九大战略………………… 121

第六章　提升贵港制造业竞争力的主导方向……………… 125

第一节　积极扩展贵港制造业发展空间……………………… 127

第二节　切实重视发展贵港战略性新兴产业……………… 130

第三节　突出对粤港澳大湾区的招商引资………………… 134

第四节　贵港市战略性新兴产业发展重点………………… 136

第五节　进一步推动传统制造业转型升级………………… 146

第六节　谋划发展未来产业………………………………… 152

第七节　不断优化制造业区域布局………………………… 157

第七章　提升贵港制造业竞争力的重大工程……………… 165

第一节　动力驱动体系建设………………………………… 167

第二节　功能增强体系建设………………………………… 172

第三节　配套服务能力建设………………………………… 177

第四节　融合体系能力建设………………………………… 182

第八章　提升贵港制造业竞争力的保障性措施…………… 187

第一节　健全贵港制造业发展的组织保障………………… 189

第二节　争取制造业发展的政策支持……………………… 190

第三节　建立财税支持体系………………………………… 191

第四节　加强用地的集约化管理…………………………… 192

第五节　创新招商引资体制机制…………………………… 194

第六节　充分发挥行业协会作用…………………………… 195

第九章　提升贵港制造业竞争力的项目推进……………… 197

第一节　优化项目管理流程………………………………… 199

第二节　引入和落实重大战略性新兴产业项目…………… 202

第三节 加强都市工业转型提升项目 ……………………… 205

第四节 高度重视平台建设项目 …………………………… 206

第五节 培育循环发展绿色制造项目 ……………………… 207

第六节 提供更好高端服务项目 …………………………… 208

参考文献 …………………………………………………… 211

附录一 关于贵港制造业竞争力综合指数的测算 ………… 215

附录二 关于促进贵港市物流业发展的建议 ……………… 243

后 记 ……………………………………………………… 251

第一章

提高贵港制造业竞争力的
现实背景与重大意义

加快建设制造强国、发展先进制造业，是中共十九大确立的重大战略目标。中国作为一个地域面积广大、人口众多的国家，培育和增强城市制造业竞争力不仅有益于地方政府目标的实现，也有利于国家目标的实现，推动强国梦早日实现。

贵港市委书记李新元曾经指出："贵港要实现赶超跨越，关键在工业，希望和出路也在工业，必须把工业作为贵港发展最重要、最有力的支撑""必须以经济建设为中心、以工业经济为重点，走出加快发展、跨越崛起的'贵港路径'""全力以赴抓工业，才能大幅度提升工业化水平，实现经济发展新跨越"。2017 年 3 月，农融市长在《政府工作报告》中也强调："巩固工业主导地位。"从长远和整体的角度来看，提高贵港制造业竞争力具有十分重要的意义。

第一节　全球经济分化中的工业化

21 世纪以来，全球经济版图发生了巨大变化。一个典型特征就是发达国家占全球经济的份额出现了一定程度的下降，而发展中国家占全球经济的比重不断上升。这种趋势的对比，以工业化的推进为标志。

中国是工业化取得成功的标志性国家。2000～2012 年全球经济增长的同时，中国经济也在不断增长，中国经济占全球 GDP 的比重也在不断上升。与此同时，美国、日本和欧洲国家占全球经济的份额出现下降（见表 1-1）。

表 1-1　世界主要国家 2000～2012 年经济总量变化及占比

	2000 年		2012 年	
	GDP 数值（亿美元）	占全世界的比重（%）	GDP 数值（亿美元）	占全世界的比重（%）
美国	102897.00	31.30	162446.00	22.35
日本	47311.99	14.39	59610.66	8.20
德国	18864.01	5.74	34259.28	4.71
法国	13263.34	4.03	26112.00	3.59
英国	14936.28	4.54	24757.82	3.41
印度	4766.09	1.45	18587.40	2.56
俄罗斯	2597.08	0.79	20147.75	2.77
中国	11984.75	3.65	82271.03	11.32
世界	328730.97	100	726819.82	100

资料来源：根据世界银行数据库相关表格数据计算整理。

通常意义上的工业，是除建筑业以外的第二产业。工业是第二产业的主体。而制造业是工业的主体。制造业是把自然或者人工形成的原料通过加工转化成产品的过程。在这一过程中，自然或者人工原料被作为第一产业或者农业加矿业，是提供基础原料的部门，加工制造部门提供中下游产品的部门，则属于制造业范畴。制造业产业链条长、产业种类多，产品形态各样，能够满足人类不断扩大的需求。迄今为止的工业革命主要发生在制造业领域。

2016 年 1 月，世界经济论坛举行年会，其主题是第四次工业革命。根据专家们此前的研究与总结，全世界先前已经历了三次工业革命。第一次工业革命发生于 1760～1840 年，以瓦特发明蒸汽机为标志，世界制造进入"蒸汽时代"，推动了机器的发展，工厂制代替了原来的手工制，纺织业、列车运输等产业得到发展；第二次工业革命发生于 1840~1950 年，世界制造业进入"电气时代"，这一时期的特点是人类发明了电，电灯、电影、电话、电车、轮船、汽车等产业得到发明与弘扬，现代科学技术得到较快发展，现代工业化产品不断增多；第三次工业革命主要发生在 1950 年以后，以电子计算机、核能、空间技术开发为标志，推动了电子、航天、IT 等产业的发展。按照世界经济论坛主席 Klaus Schwab 的观点（见表 1-2），第四次工业革命与第三次工业革命相互连接，标志性时间还需要进一步确认。但是，第四次工业革命已经发生，由数字革命引发，跨越物理—数字—生物空间，以 3D 打印、物联网、无人驾驶汽车、机器人、生物技术、纳米技术、量子计算机为标志，智能工厂、智慧城市、智能建筑、智能消费品、移动互联等为代表，代表着人类工业发展进入新时代。

表 1-2　各次工业化的基本特征

工业革命次数	年份	驱动力
第一次工业革命	1784	蒸汽、水、机械生产设备
第二次工业革命	1870	劳动分工、电力、规模生产
第三次工业革命	1969	电子、IT、自动生产
第四次工业革命	?	信息物理空间（Cyber-Physical Systems）

资料来源：Klaus Schwab（2016）。

经济学家普遍认为，制造业在经济发展中的作用比其他的产业更为突出。制造业能够带来税收、增加就业，并且它能带动第三产业就业和扩大对第一产业的需求，具有广泛的波及带动效果。根据主要制造国家的投入产出表分析，制造业具有最强的直接和间接带动效果。同时，制造业也是科技成果转化的重要平台。缺乏制造业的产业平台支撑，许多科技创新成果便不能有效转化。正因为如此，制造业已经成为各国竞争的舞台，成为国际竞争"皇冠上的明珠"。在中国经济总量提高到世界第二位的过程中，制造业发挥了重要作用。迄今为止，中国已经跃居世界上最大的制造国家。按照世界银行提供的数据，到 2014 年时，按照美元计算的中国制造业产值占全球的 30% 以上（见表 1-3），远远高于欧美一些发达国家。根据 2017 年 9 月 20 日世界银行发布的《遭遇麻烦？制造业导向型发展的未来》一文中提供的最新数据，2015 年，世界制造业产品的 55% 出产在发达国家，中国作为世界上最大的制造国家，占全世界制造业产品产出的 25%。

表 1-3　2014 年全球制造业前 20 强国家（以制造业总产值排序）

排位	国家名称	制造业总产值（亿美元）
1	中国	37133
2	美国	20681
3	日本	8509
4	德国	7875
5	韩国	3896
6	印度	3217
7	意大利	2966
8	法国	2837
9	英国	2827
10	俄罗斯	2485
11	巴西	2188
12	墨西哥	2168
13	印度尼西亚	1867
14	西班牙	1666
15	加拿大	1621
16	瑞士	1289
17	土耳其	1264
18	泰国	1122
19	荷兰	957
20	澳大利亚	935
	世界	125786

资料来源：世界银行。

第二节　世界各国注重提升制造业竞争力

迄今为止的制造强国都是西方市场经济发达国家，各国对于工业革命、制造强国和国家竞争力之间的相关关系都有清楚的认识。发达国家有着维护和巩固制造强国的强烈企图心。

英国、美国、德国、法国等国家都曾经是一次工业化的发源地，对于工业化与财富积累都有深刻的认识，这些国家的人均生产总值较高，具有发达的科技创新基础，工业现代化程度也较高。在全球化过程中，这些国家的跨国公司曾经寻求低成本区域，向全球市场潜力大、生产成本低的地区进行大量投资，把跨国公司的产业化能力与发展中国家的劳动力成本结合起来，实现了跨国公司利润最大化。现在，越来越多的发达国家已经认识到所谓的后工业社会并不是无工业社会，整个经济产出重心转移到服务业，但也不能脱离有竞争力的制造业基础。发达国家如果脱离制造业基础，其竞争力会大打折扣，因而需要加强制造业领域资本与技术、技术与人才结合，进一步提升制造业竞争力。在西方，有学者把制造业视为财富的生产部门，而把服务业视为财富的消费部门。在资本与技术的结合上，发达国家采取的措施就是补制造业技术基础或者补制造业创新基础，以创新推动制造业发展。在资本与人才的结合上，各发达国家设立了大量技术创新机构，重视在研发领域的规模化投入，吸引大量优秀人才从事前沿技术领域研发。在资本与劳动力的结合上，发达国家出台政策和创造条件，吸引跨国公司回流本土，在制造业领域创造出更多的就业机会。

美国是工业革命最大的受益者，也十分理解工业革命对美国的重要意义。奥巴马上任后所采取的一个重要措施，就是推进再工业化，鼓励美国制造业回流。如果说第一次工业革命发生在欧洲，后几次工业革命的发源地都与美国有关。第二次工业革命中的福特式汽车制造、电灯制造、飞机制造，以及第三次工业革命的电子计算机、载人火箭等都发生在美国。迄今为止，第四次工业革命的主要原始性创新，也都在一定程度上由美国推进和实现的，在物联网、大数据、3D 打印等领域，美国的技术和创新都位于国际领先地位。奥巴马上任以后，美国对制造业给予前所未有的关注，加大制造业领域的技术创新力度，并且引领西方国家的"再工业化"进程。奥巴马一直呼吁美国制造业跨国公司"回岸"，同时在全国打造了一批由政府支持的技术创新网络和产业转化平台。奥巴马在国情咨文中曾一再表示要确保下一次工业革命发生在美国。特朗普当选总统后，进一步重视强化美国的制造业地位，高举"美国优先"大旗，与世界许多国家重新开始贸易谈判，并一再威胁对中国发起贸易战。除此之外，特朗普还倡导美国人买美国货，以爱国主义保护美国制造业，并要求其他国家为美国制造业开放市场。

英国是第一次工业革命的发源地，对于制造业有着非同寻常的情感。卡梅伦就任英国首相以后，就提出要建设英国的技术创新网络，要使英国成为最具吸引力的创新科技投资国目的地，与此同时，出台英国工业 2050 战略，强调以技术创新振兴英国制造业。英国制造业虽然只占国内生产总值的 10% 左右，但是容纳就业达到 250 万人口，占据了英国出口的 53% 和研发投入的 72%，对英国国际竞争力的维持和提升具有重要意义。2013年，英国发布了长达 250 页的关于英国制造业及全球发展的报告——《制造的未来：英国的机遇和挑战新时代》，系统性地研究了各国经验、英国制造业的走势和未来可以选择的经济政策、法律框架。该报告展望了到2050 年制造业的发展状况，提出英国政府应该关注的三个重要方向：一是更加系统地、完整地看待制造领域的价值创造；二是明确制造价值链的具体阶段目标；三是增强政府长期的政策评估和协调能力。在这样的政策导向下，英国注重促进汽车、飞机、新能源等产业发展。

德国是工业 4.0 的提出者，十分强调智能制造。但德国总理默克尔还是提出，"德国必须加大创新的研发投资，缩小与创新热情较强国家之间的差距"。作为欧洲领袖，默克尔也进一步地指出，世界正面临新一轮工业革命，欧洲各国应该加强创新合作。

法国也是一个十分重视技术创新的国家，明确提出"新的工业法国"，制定了 34 个工业振兴规划，《法国—欧洲 2020》战略议程指出，要通过科技创新，巩固科技在法国国家复兴中的决定性作用。

作为亚洲经济科技技术领先的发达国家，日本近年来每年制定《科学技术创新综合战略》，确定若干优先技术创新领域加以重点支持，要使技术创新成为日本经济振兴的引擎，大力推动具有日本比较优势的汽车、机器人、装备制造、生物医药等产业发展。

与西方发达国家相比，发展中国家更注重制造业追赶，"亚洲四小龙"、中国、东盟国家、印度先后在国际上掀起了一波波制造业的追赶潮。传统制造业技术成熟，资本总是寻求成本较低的区域，市场潜力较大、劳动力成本较低、配套条件较好、政策法律体系能够支撑的发展中国家，容易成为跨国公司制造业转移目的地。

莫迪就任印度总理后，推出"印度制造"计划，把这个计划作为振兴印度和打造经济强国的关键性计划，打算把制造业占国内生产总值的比重从 15% 提高到 25%。印度人口数量众多、人力成本较低，受过高等教育的高学历人才基数较大，信息产业发展水平较高，全社会有加快发展的强烈愿望，都无疑像改革开放时期的中国。莫迪上任后，采取了一系列扩大开放、促进基础设施建设、改革官僚体制的政策，进一步促进了印度制造业发展。2015 年，印度制造业增长速度超越中国，印度意欲打造世界上又一个制造业中心这一理想有了好的开始。

第三节　建设制造强国是国家重大战略

根据相关部门的统计，在习近平外出调研的企业中，制造业类企业所占的比重高达 3/4。不仅如此，习近平还多次就制造业发展发表重要讲话，这些讲话对于制造业发展具有重要指导意义。比如，习近平指出："实体经济是国家的本钱，要发展制造业尤其是先进制造业""中国梦具体到工业战线就是加快推进新型工业化。把制造业搞上去，创新驱动发展是核心""要推动中国制造向中国创造转变、中国速度向中国质量转变、中国产品向中国品牌转变"。

据 IBM 统计，中国是世界上唯一一个在联合国工业大类目录中拥有所有工业门类的国家，共拥有 39 个工业大类、191 个中类、525 个小类，具有全球最为完备的工业体系和产业配套能力。在 500 余种主要工业产品中，中国有 220 多种的产量位居世界第一。2013 年，中国装备制造业产值规模突破 20 万亿元，占全球比重甚至超过 1/3，稳居世界首位。2014 年，中国共有 100 家企业入选"财富世界 500 强"，其中制造业企业占 56 家。另根据工信部的数据，2013 年的发电设备产量达 1.2 亿千瓦，约占全球总量的 60%；造船完工量 4534 万载重吨，占全球比重的 41%；汽车产量 2211.7 万辆，占全球比重的 25%；机床产量 95.9 万台，占全球比重的 38%。除了在传统的纺织、皮革、服装、家电等领域以外，中国制造业在高铁、手机、计算机、输变电设备、轮船领域都建立起一定的产业优势。

但是，我们也必须看到中国制造业大而不强现象比较突出。

首先，中国制造业的产出效率整体不高。根据近年来的数据可知中国制造业增加值率仅为 21.5%，远低于工业发达国家 35% 的平均值。这反映出中国制造业整体经济效率低于西方国家，在全球产业链条中处于相对较低的分工地位。众所周知，中国是苹果等手机的组装生产基地。但每生产一部苹果手机，就有 49% 的利润被美国企业拿走，30% 以上的利润被日本企业拿走，10% 以上的利润被韩国企业拿走，中国只获取整个产业链条利润的 3.63%。此外，中国制造业整体规模大与人均产值小的格局同时存在。根据联合国工业发展组织提供的资料，2012 年，中国人均制造业增加值只有 1147 美元，仅相当于位居第一的爱尔兰的 1/10，仅居于世界第 54 位，远远低于世界上许多国家甚至低于一些发展中国家（见表 1-4）。

表 1-4 2012 年部分国家或地区人均制造业增加值（以 2000 年美元计）

排名	国家或地区	人均 MVA	排名	国家或地区	人均 MVA
1	爱尔兰	11772	33	科威特	2391
2	瑞士	10191	34	匈牙利	2347
3	新加坡	8800	35	波兰	2336
4	芬兰	7997	36	土库曼斯坦	1962
5	日本	7693	37	葡萄牙	1945
6	瑞典	7489	38	巴林	1909
7	奥地利	7300	39	塞舌尔	1771
8	德国	7075	40	立陶宛	1750
9	韩国	6226	41	马来西亚	1715
10	美国	5786	42	马耳他	1708
11	挪威	5690	43	爱沙尼亚	1634
12	圣马力诺	5452	44	白俄罗斯	1570
13	丹麦	5421	45	希腊	1560
14	比利时	5227	46	土耳其	1533
15	荷兰	4948	47	墨西哥	1522
16	爱尔兰	4926	48	沙特阿拉伯	1453
17	中国台湾	4856	49	阿曼	1436
18	卡塔尔	4179	50	阿根廷	1398
19	卢森堡	4083	51	克罗地亚	1316
20	意大利	3885	52	罗马尼亚	1205
21	加拿大	3830	53	泰国	1186
22	法国	3810	54	中国	1147
23	捷克	3755	55	智利	1094
24	英国	3731	56	塞浦路斯	1042
25	澳大利亚	3680	57	哥斯达黎加	1001
26	新西兰	3474	58	毛里求斯	996
27	斯洛文尼亚	3437	59	乌拉圭	978
28	以色列	3192	60	俄罗斯	947
29	阿联酋	3161			
30	西班牙	2780	67	巴西	764
31	文莱	2723	85	印度尼西亚	444
32	斯洛伐克	2417	117	印度	163

资料来源：联合国工业发展组织（2013）。

其次，一些重要制造业行业的核心部件或者核心产品依赖于从发达国家进口。由工信部提供的信息可知，中国高端芯片和通用芯片对外依存度超过95%，95%的高档数控系统的高档液压件、密封件和发动机几乎全部要依靠进口。另据有关专家提供的数据可知，我国自行研制的大型客机C919的全部发动机均靠进口，重型燃气轮机的关键材料和关键零部件如高温合金定向及单晶工作叶片依赖进口。尽管国家加大对数控机床的研发投入，但80%的高端数控机床依赖进口。2013年，我国是位居世界第一的机器人消费大国，但80%的机器人依赖进口。近年来，一些普通工业制成品也出现了国人在国外的抢购潮。抢购奶粉、智能马桶盖、抢购感冒药等现象一再发生，说明中国制造的产品还远远没有满足国民的多样化需求，甚至个别产品还没有赢得国内消费者的信任。

再次，中国制造业的各类生产成本不断上升，产品竞争力有削弱倾向。近年来，因为各类因素尤其是社会投机造成的资产价格上涨，带来中国制造业企业的成本迅速上升。据波士顿集团公司报告，中国制造业对美国的成本优势已经由2004年的14%下降到2014年的4%，2015年，美国低成本地区的制造产品生产已经变得和在中国生产一样经济划算。估计到2018年，美国制造的成本将比中国便宜2%~3%。近年来，一些城市如东莞已经出现大面积的外资制造业企业整体迁走的现象。事实上，外资撤离中国的消息不绝于耳。微软计划关停诺基亚东莞工厂和北京工厂，并加速将生产设备运往越南工厂。松下、西铁城、诺基亚、微软、大金、夏普、TDK、优衣库、耐克、富士康、船井电机、歌乐、三星等均计划将设立在中国的制造基地回迁本土或者迁移到东南亚国家。

最后，制造业研发活动与全球发达国家存在较大差距。我国目前研发投入占GDP的比重超过2%，接近发达国家的水平，专利申请量也已经位于世界前列。但是，我国科技创新与发达国家的差距依然存在。我国大中型工业企业研发投入占主营业务收入比重不到1%，主要发达国家这一指标一般在2.5%以上的水平。在我国的企业中，平均每7个企业才有一个研发机构，这与发达国家存在较大差距。在英国，10 人以上制造业企业中，从事研发活动的比例达到 41%；2000~2001 年，整个英国国家的研发投入中，大约 72%~79% 与制造业存在关联；美国制造业研发活动占全社会的 71%，研发经费占 66%，专利数量占 90%。但根据我国技术创新比较活跃的陕西省的信息，2014 年，陕西省 5081 家规模以上工业企业中，有 768 家企业开展了研发活动，所占比例只有 15% 左右；同时，该省规模以上工业企业研发投入占全社会 R&D 经费的 43.8%。

由于发达国家日益重视技术创新，技术创新活动主要集中在制造业领域，西方各国无不希望在第四次工业革命中争取领先优势，中国制造面临的竞争形势日益严峻，竞争压力正在加大，竞争优势不进则退。

把建设制造强国载入各类文件，标志着建设制造强国已经成为决策层的一致认识。建设制造强国符合我国国情，应是以习近平为核心的党中央采取的又一项重大国家战略，有着实施的现实必要性。

首先，实现中华民族经济复兴需要强大的制造业基础来支撑。根据全球大国工业化的经验，大多数经济发达国家都既是经济强国，也是制造强国，制造强国对经济强国起到重要支撑作用。比如，美国整个经济结构重心早已转到第三产业，制造业在整个经济中所占的比重不高，但是制造业规模却在整个世界中占有较大比重。在全球制造业技术和规模衡量的跨国公司中，美国所占的比重相当大。正是因为有强大的制造业做支撑，美国才有世界上数一数二的航空航天和军工制造能力。因此，实现中国梦的重要经济基础，就是建设好制造强国。

其次，具有由大转强的逻辑一致性。强国不是自动生成的，制造强国的成长道路通常有两种：一种是技术创新型强国，以技术创新支撑制造强国，这一类国家通常又是先行的工业化国家。由于跨国公司的技术创新能力较强，技术创新成果很快被转化到工业化过程中，使制造业能够获得领先技术甚至是垄断性技术，从而在市场上获得丰厚的利润，而这些利润的一部分又被投入下一轮领先技术的研究，形成技术创新与制造扩张之间的良性循环；另一种是追赶型强国。其起步基础依赖于成熟的技术，将技术与劳动力和资本结合后，以低成本或者其他独特资源获得制造成熟技术产品的利润，并把所获得的利润用于人才培养和技术创新，在某一些产业领域和产业链条的某些区段形成竞争优势，逐渐培育起应有的竞争力，形成强国。中国制造业符合第二种模式，从成熟技术引进和技术追赶出发，依靠国内庞大的市场和加入WTO后的世界市场支撑，以较低的劳动力成本、规模化的资本做支撑，完成了制造业由小到大的巨大转变，而中国制造业在劳动力密集型产业、资本密集型产业和技术密集型产业各占一定比重，证明作为一个人口大国和经济大国，中国的发展模式与"亚洲四小龙"等国家和地区有明显不同。从制造大国向制造强国的转变，合乎逻辑的一致性。制造大国的地位是不稳固的，主要原因在于制造业的技术基础非内生形成，生产线的流动带有全球性，制造大国发展模式极易被模仿，制造大国的地位有可能被超越。但制造强国不能凭空生成。没有庞大的制造业基础，就没有从大向强转变的可能性。但有了庞大的制造业基础而不去做由大转强的努力，能转向制造强国而不去转变，坐等其他发展中国家的追赶和发达国家的再工业化竞争，则无异于不思进取、束手自缚、自我缴械、自我颠覆，等同于"竞争力自杀"。

再次，建设制造业强国意味着经济发展模式的根本性转变。在过去的数十年里，中央一直提出要实现两种转变，就是要实现经济发展模式由粗放经营向集约经营的转变，经济体制由传统体制向现代市场经济体制的转变。对经济发展模式是否实现转变，要观察企业是否实现主要依靠资源投入、过度扩张、追逐泡沫还是依靠技术创新驱动加以判断，对于经济体制是否能实现转变更多地可以观察政府行为，就是政府的主要追求目标是不计后果、单纯地追求 GDP 扩大，还是更多地重视引导资源向创新领域集中，政府是否更加注重创新基础的培育和更加注重发展先进技术制造业和高新技术产业。观察两个转变，前一个角度用于观察市场、后一个角度用于观察政府。实现第一种转变需要以实现第二种转变为保障。假如政府不更多地培育市场和引导市场上的资源配置的话，市场上的资源配置就可能发生错配，企业就不会有高目标的追求，会导致全社会出现高投入低产出现象，难以完成经济发展模式的根本转变。可见，在中国实现由粗放经营向集约经营的发展模式转变中，需要行使行政权力的政府加以完成。提出建设制造强国的目标并且努力把各类资源向这一目标集中，意味着政府已经现实提出了经济发展模式和经济体制转变的目标。而只有真正实现建设制造强国的目标，才意味着经济发展模式完成了根本转变，中国经济增长的驱动力由投资驱动转向了创新驱动。

最后，建设制造强国意味着生产率的大幅度提升。在世界经济发展史上，工业革命都是与技术革命联系在一起的，技术创新的结果大多数用于制造业领域，推进和提升工业化水平都意味着提高全要素生产率。在西方发达国家，尽管第三产业占国内生产总值的比重超过70%，但制造业在整个经济增长和生产率提高中依然具有十分重要的作用。根据大多数发达国家的数据，各发达国家研发投入成果的70%以上都用于制造业，贸易出口的主要产品是制造类产品。这是因为人类的技术创新主要还是基于物理变化和化学变化，大都发生在制造业领域，制造产品的出口等同于技术输出，而这也正是发达国家的优势所在。在我国建设制造强国过程中，由于我国与欧美发达国家在制造业前沿领域和技术创新方面存在较大差距。建设制造强国过程中，必然会出现技术创新成果大量应用于制造业的现象。技术创新在制造业领域的广泛应用，自然意味着全要素生产率的提高。而制造强国的突出标志，就是在技术创新与制造业竞争力提升方面形成良性循环。制造业竞争力的提升，对技术创新提出源源不断的需求；而技术创新成果能够不断适应制造业的需要支持制造业企业的产品创新、技术创新、设备创新和商业模式创新，从而推动整个制造业企业群体竞争力的提升。

《中国制造2025》提出了建设制造强国的努力方向。中共十八届五中全会提出了创新、协调、绿色、开放、共享的新发展理念，并且据此提出了一系列推动建设制造强国的发展方向与政策要求。落实中央关于建设制造强国的宏伟蓝图是"十三五"期间各级政府的重要工作任务。

第四节　广西各地展开工业强市建设锦标赛

一、高度强调制造业对整个经济的带动作用

以习近平总书记为核心的党中央对广西给予高度关注，希望广西经济社会取得更好发展。近年来，无论是在参加两会广西人大代表团讨论还是在视察广西时，习近平总书记都对广西发展提出一系列重要观点与论断，具体地说，就是"三大定位""四个下功夫""五个扎实"。

所谓"三大定位"是指，广西要"构建面向东盟的国际大通道，打造西南中南地区开放发展新的战略支点，形成21世纪海上丝绸之路和丝绸之路经济带有机衔接的重要门户"；"四个下功夫"是指："在推动产业优化升级上下功夫，在转变发展方式上下功夫，在提高创新能力上下功夫，在深化改革开放上下功夫"；"五个扎实"是指："扎实推动经济持续健康发展、扎实推进现代特色农业建设、扎实推进民生建设和脱贫攻坚、扎实推进生态环境保护建设、扎实建设坚强有力的领导班子"。但"战略支点"是需要发展能力加以支撑的，"三大定位"需要落实制造强国战略来实现，"五个扎实"需要以深化工业兴桂为基础；"四个下功夫"最集中的体现，是广西制造业核心竞争力的提升。

广西壮族自治区的党政领导继续强调和积极实施工业兴桂战略，具有重要意义。彭清华同志早在2013年全区工业发展大会上就指出：广西要与全国同步建成小康社会，"最大的潜力和希望在工业"。自治区党委、政府作出《关于加快新型工业化实现跨越发展的决定》，要求全面推进"1131

工程"和"十大行动计划"。所谓"1131工程",就是2013～2015年,突出抓好1000项投资超亿元的重大工业项目,重点打造100个以上工业园区,培育发展3000家主营业务收入超亿元的重点企业,新增100万个就业岗位。

根据有关方面披露的信息,广西"1131"的目标已经实现。在《广西壮族自治区工业和信息化发展"十三五"规划》中,广西壮族自治区提出了"十三五"期间实现"一壮大、一优化、四提升"发展目标,即总体规模实现稳步壮大、产业结构实现明显优化、创新发展能力显著提升、质量效益水平显著提升、两化融合水平显著提升、绿色发展能力显著提升。在2017年的经济工作会议上,广西壮族自治区提出要壮大实体经济,加快传统产业转型升级、加快培育发展新经济新动能、大力实施质量品牌战略,着力推进科技创新。这里所强调的壮大发展实体经济,主要指工业,突出了加快制造业转型发展的意义与要求。

二、广西各市突出工业强市的主趋势

随着"十三五"规划的制定与贯彻实施,广西各地市都十分重视做大做强制造业,进而推动经济社会的全面发展。如表1-5所示,各地在积极推动工业转型升级中不遗余力,力争在"十三五"规划实施期间在推动工业发展中提升各自的竞争力。

第一,普遍把工业作为振兴城市经济的主导性产业。柳州市是广西最大的工业城市,提出"打造龙头"的目标,要继续维持和巩固柳州市在全自治区的地位。在2017年的《政府工作报告》中进一步明确了"振兴实体经济的主战场在制造业,关键在存量,突破在增量,动力在创新"的思路。南宁市甚至旅游城市桂林市也都提出工业强市的发展思路,显示出地方党政领导做大做强工业的急切愿望。

第二,把增强扩大与存量调整作为共同方向,而增量扩张的重点都是战略性新兴产业。如表1-5所示,各地在"十三五"增强制造业竞争力中做了深入的设计与规划，提出了主要的奋斗方向与目标，但是普遍的趋势是注重发展战略性新兴产业，力争在结构调整与规模扩大的双重变动中提升制造业的竞争力与影响力。

第三，一批先行发展起来的城市的示范带动作用得到显示。事实上，越来越多的广西学者已经对广西以往的发展思路做了深入的反思，认为广西错过国家对外开放初期沿海发展战略的一些机遇，没有很好地利用当时的政策发展制造业。只是在西部大开发以后重视了工业发展，但也恰恰因为重视与不重视的差距，各个城市之间的发展拉开距离。同时，环顾沿海发达地区的起步，无一不是在工业化推动中实现起飞的。因而，城市发展中的对标效应使得更多城市政府日益关注制造业的地位与作用。

第四，对建设制造强国和工业强区战略的积极回应。在分级管理体制下，上级的发展思路，需要通过诸多下级部门加以完成。从全国来说，建设制造强国是宏大的历史性任务，需要31个省区市加以具体实施。而对广西壮族自治区来说，实现广西工业兴桂的目标，也需要14个地级市加以配合与支持。从各地制定的"十三五"规划看，都很好地体现了对工业兴桂、制造强国战略与政策的理解与支持。

第五，各地市展开工业强市竞争行动。在各个城市的发展思路中，都强调了对"十三五"规划的执行力。为了争先上位，提高各地在全区的排名和位置，扩大地方的经济总量，城市之间在依托制造业发展推动整体经济扩大的竞争态势十分明显，未来几年的竞争将进一步加大。

表1-5   "十三五"广西各市发展规划纲要中确定的工业发展方向

城市	"十三五"确定的工业发展重点
南宁	1. 突出发展主导产业：电子信息产业、先进装备制造业、生物医药产业 2. 大力培育发展战略性新兴产业：新材料产业、新能源产业、节能环保产业、新能源汽车产业 3. 优化提升传统产业：食品加工、化工、建材

续表

城市	"十三五"确定的工业发展重点
柳州	1. 稳定发展支柱产业：发挥汽车、钢铁、机械三大产业的核心引领作用 2. 加快智能制造转型：加快新一代信息技术与制造业深度融合，推动制造技术向自动化、数字化、信息化、智能化转变，加快工业机器人、智能专用装备、3D 打印制造等智能装备发展，积极打造国家智能制造试点城市 3. 加快优化提升化工、食品、纺织、建材等传统产业 4. 培育壮大战略性新兴产业。大力发展新能源汽车、电子信息、先进装备制造、新材料、节能环保、生物与制药等产业
桂林	1. 提升优势产业主导地位：集中力量在电子信息、生物医药、先进装备制造、生态食品等优势产业实现重点突破，推进智能制造 2. 积极培育新兴产业：新一代信息技术产业、节能环保产业、新材料产业、大健康产业 3. 优化改造传统产业：包装与竹木加工产业、化工建材产业、电力产业、橡胶制品产业、冶金产业
钦州	1. 升级壮大临港产业：石化、装备制造业、能源产业、粮油食品加工业、林浆纸产业、新材料产业 2. 壮大特色县域工业 3. 创新发展高新技术产业：电子信息、生物医药、节能环保 4. 培育发展战略性新兴产业：新一代信息技术、新能源产业、高端装备及智能制造产业
玉林	1. 加快重点产业发展。实施千百亿产业提升计划，推动机械制造、节能环保再生资源、生物制药、健康食品、有色金属、电子信息、陶瓷等产业转型升级 2. 大力发展战略性新兴产业，重点发展先进装备制造、生物医药、新材料、新能源、节能环保、新一代信息技术、生物农业、健康养生、新能源汽车等新兴产业
百色	立足于打造区域铝制造业中心 1. 加快发展制造业：生态铝、石化、冶金（锰、铜、金、铁）、建材、机械制造、农林产品加工 2. 培育发展新兴产业：新材料产业、新医药产业、节能环保产业 3. 发展能源产业：煤炭、水电、新能源
防城港	1. 大力发展临港工业：钢铁产业、有色金属产业、核电、火电、生物质发电等能源产业、食品产业、石化产业、装备制造及高新技术产业 2. 加快临港工业转型升级：重点培育海洋、新材料、节能环保、新一代信息技术、养生长寿健康等新兴产业

续表

城市	"十三五"确定的工业发展重点
北海	1. 提升电子信息产业整体实力；加快打造计算机整机生产与零配件产业基地；促进石油化工产业发展；加快海洋产业研究与开发 2. 推进农产品加工、林纸、能源和船舶修造等传统产业改造升级；积极运用新技术、新材料，巩固发展渔船修造业，逐步淘汰落后产能和发展新型专用船舶修造
梧州	1. 改造提升现有优势产业。推动再生资源、再生不锈钢制品、电子信息、陶瓷建材、林产林化、食品、医药制造、船舶及机械制造、有色金属、钛白化工、电力、人工宝石、纺织服装等产业附加值提高、产业链延伸 2. 培育壮大新兴产业。提升工业机器人利用水平，重点发展节能环保、新材料、新能源、先进装备制造业、新一代信息技术和大健康等产业
来宾	1. 建设国家新能源示范城市。水火电源并举，发展热电联产和水电，加快太阳能光伏发电、风力发电、生物质发电、天然气分布式能源站等新能源发电项目建设 2. 建设制糖循环综合利用基地。实施糖业二次创业计划，进一步延长制糖产业链，向调味品、添加剂、酒精产品、蔗糖多酯、蔗糖共结晶、右旋糖酐药品等方向发展 3. 建设合金新材料基地。打造铁合金深加工循环经济产业链、资源高效利用电解锰产业链、绿色高效锡锌铟产业链，建成铁合金系列—电解锰系列—锡锌铟系列产品 4. 建设铝电一体化精深加工基地。实施铝业二次创业计划，推动挤压材及制品、压延材及制品、压铸制品等产品体系精深发展 5. 做大做强特色资源型产业：蚕茧丝绸及服装加工、建材
崇左	1. 促进糖业二次创业 2. 矿业开发战役：锰、铜、铝、新型稀土 3. 木材加工：主要打造红木家具 4. 提升三大优势产业：新型建材、特色食品、化工产业 5. 积极发展新兴产业：新能源产业、新型装备制造业、生物制药
贺州	1. 打造碳酸钙和新型建材千亿元产值项目 2. 积极发展稀土新材料产业、电子信息产业、生物医药产业 3. 做大机械制造产业 4. 培育节能环保产业
河池	做大做长做优做强工业，打造循环生态工业 1. 推动有色金属产业转型升级 2. 打造国家蚕丝绸基地 3. 打造新型建材、新型化工基地 4. 打造绿色长寿食品生产基地 5. 发展民族医药产业

第五节　提升制造业竞争力对贵港具有重大意义

21 世纪以来，贵港的制造业增长波动虽大，但仍表现出较好增长势头。2005 年以来，贵港市制造业持续增长，制造业增加值由期初 2005 年的 54.03 亿元增至期末 2015 年的 272.57 亿元。按可比价格计算，总增幅达到 374.4%。除 2008 年受国际金融危机影响，制造业增加值小幅下滑外，其间各年份制造业增加值均呈不同程度的上涨态势。其中，2015 年制造业增速达 18.6%，增幅比上年提高 10.2 个百分点，高于同期自治区制造业增速 9%。

对于贵港制造业增长变化态势，尤其是 2015 年以来的突出增长，已经被权威媒体誉为贵港现象，引起了国内各方尤其是广西的强烈关注。如何看待贵港制造、如何评价贵港速度，都成为摆在各方学者面前的重大课题。笔者认为，贵港市在扩大制造业发展基础、提升制造业竞争力方面的做法，值得予以充分肯定与高度评价。

从先行的发达国家的发展经历、中国经济崛起的经验和沿海其他地区的发展历程看，在资源禀赋相对有限的情况下，欠发达地区实现经济快速发展的最好途径就是加快工业化。本书认为，提升制造业竞争力，建设工业强市，对于贵港的经济社会发展具有全局性、战略性、牵引性意义。

第一，提升贵港制造业竞争力，可以更加充分地利用贵港的自然资源与人力资源。经济发展是资源配置的过程，合理配置与利用各类资源有利于生产更多的产品满足社会大众的需要。而制造业是把自然资源变成加工产品的过程，制造业发展中利用了各类自然资源、资本资源、人力资源，提高了资源利用效率，减少资源的闲置与浪费。提升贵港制造业竞争力，可以提升资源的利用效率，更加有效地配置资源。

如图 1-1 所示，2005～2015 年，贵港市制造业对 GDP 增长贡献率均高于 15%，大部分年份贡献率达 49% 以上，对 GDP 拉动作用明显。其中，2015 年贵港市制造业拉动 GDP 增长 5.9 个百分点，对 GDP 增长量的贡献率达 78.5%。

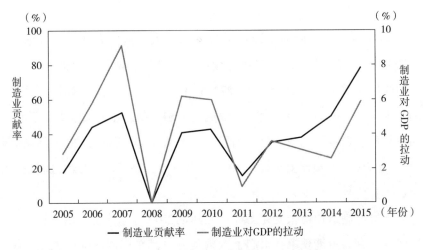

图 1-1　2005～2015 年贵港市制造业贡献率及对 GDP 的拉动

第二，提升贵港制造业竞争力可以有效地带动农业、矿业和服务业发展。制造业由于其需要农业和矿业提供资源的本质特性，生产的产品需要通过运输和销售提供给最终消费者，处于从原料到消费者之间的转换环节，发展贵港制造业，必然增加对农业、矿业和服务业的需求，进而推动贵港农业、矿业和服务业发展（见图 1-2）。2005 年以来，贵港市制造业增加值占 GDP 比重不断提高。其中，2005 年，制造业占比为 23.8%，2015 年占比达到 31.5%。同时，贵港市第二、第三产业增加值占比逐步上升，第一产业增加值占比则缓慢下降。2005 年三次产业比重为 29.1∶33.8∶37.1，2015 年三次产业比重则调整为 20.1∶40.3∶39.6。2019 年，贵港市制造业增加值占比不足 40%，第二产业占比高于第三产业，可以判断，贵港市仍处于工业化初期阶段。而根据国际经验，工业化过程中会出现较长时间的经济高速增长（见图 1-3）。

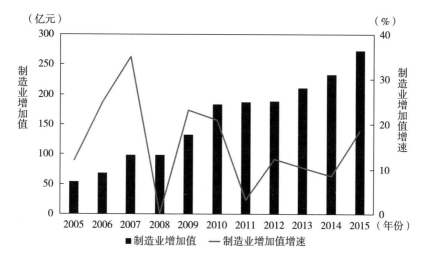

图 1-2　2005~2015 年贵港市制造业增加值及增速

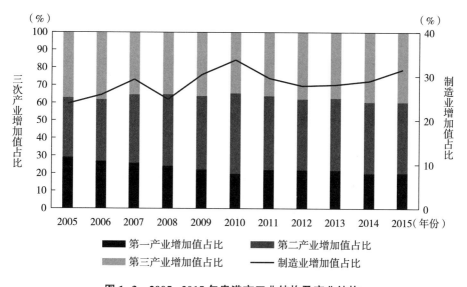

图 1-3　2005~2015 年贵港市工业结构及产业结构

　　第三，提升贵港制造业竞争力可以扩大国际市场影响力。在生产要素全球组合、产品市场全球销售的 21 世纪，城市竞争力的扩大必须面对国内国际两个市场。任何一个市场影响力的扩大，都意味着市场对提升城市竞争力起到支持作用。贵港制造业在国际市场销售量的增长，意味着国际消费者对贵港产品的认可，也有利于贵港制造业在新常态下保持较好的扩张能力（见图1-4）。

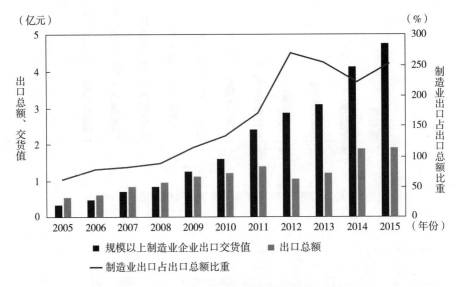

图1-4 2005~2015年贵港市制造业出口创汇

2005~2015年，贵港市规模以上制造业企业出口交货量逐年增加，其中，2005年交货量2.77亿元，折合美元0.33亿美元，2015年交货量29.65亿元，折合美元4.76亿美元，增长近13倍。不过，必须指出的是，贵港市全年出口总额增长近3倍，由期初2005年的10.54亿美元增长至期末2015年的1.90亿美元，滞后于制造业出口增长。可能是因为本地制造业企业商品多通过本市以外地区出口国外，从而导致制造业企业出口交货值超过本地出口总额。但从总体看，制造业出口的扩大，实现了外需带动内需的作用，推动了贵港市产业结构的优化。

第四，提升贵港制造业竞争力，可以增加税收。在制造业生产过程中，会经过不同的加工环节，也衍生了不同的产品，从而产生增值效应，为社会创造大量税收。作为财富生产的部门，贵港制造业在一定程度上提供较为丰富的税收，如果加上波及效应，制造业带来的税收创造效果，应该远远大于目前的统计数值。2005~2015年，其应交税金及附加占全市财政收入比重始终保持在22%以上，其中，2013年、2014年，规模以上制造业企业应交税金及附加占全市财政收入比重达50%。制造业是贵港市财政收入的重要来源（见图1-5）。

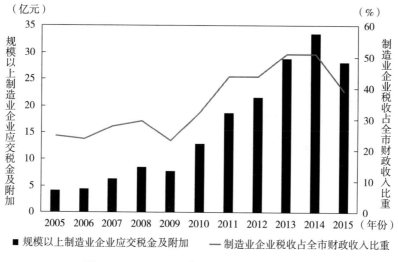

图1-5　2005~2015年贵港市制造业税收创造

第五，提升贵港制造业竞争力，可以创造更多的就业机会。制造业的发展本身可以创造一定的就业机会。而制造业与农业、矿业、服务业等紧密关联，也带动了其他行业的就业。如图1-6所示，贵港制造业吸纳的从业人员在2005~2015年表现出明显的增长趋势。2005~2015年，全部单位制造业从业人员均高于2万人，占全部单位从业人员比重稳定在15%左右，其中，2008年，在不利的经济背景下，制造业就业人员逆势增长，从业人员比例达到最高18.07%，堪称"就业稳定器"。

当然，于整个广西来看，贵港市吸纳制造业的能力还稍显不足，与全自治区的平均水平还有一些差距（见图1-7），相比全自治区来说有较大的提升空间。

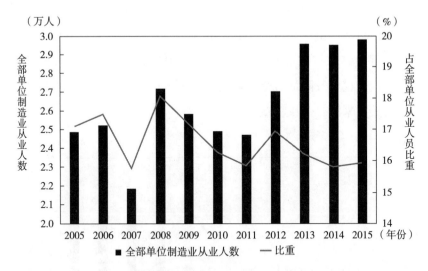

图1-6 贵港市制造业吸纳从业人员数量及比重

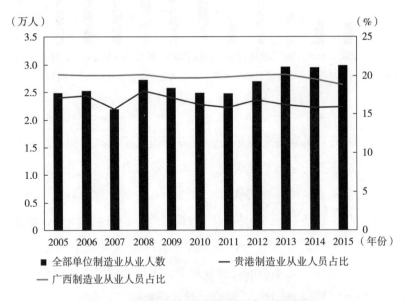

图1-7 2005~2015年贵港市制造业就业吸纳

第六，提升贵港制造业竞争力，可以推动城镇化。以工支农、以城带乡的关键，是城市具有强大的工业，尤其是制造业的实力较强，可以为城镇化提供广阔空间。在城乡收入差距较大、城市就业空间亦较大的情况下，促进农村人口向城镇转移，因势利导地推进城镇化进程。做大做强贵港的制造业，有利于推动贵港的城镇化，使更多的农村居民进入城镇，从而摆脱落后生活状态而感受城镇文明的活力，参与整个国家现代化进程。

第七，提升贵港制造业竞争力，可以推动科技创新。制造业是工业化的产物，而工业化则是科技创新的产物。制造业门类繁多，每一个门类形态众多，每一种形态产品众多，这给技术开发、改进、应用提供了广阔的发展空间。贵港市制造业的发展，为科技创新提供了良好平台；贵港制造业由大到强，更需要依靠科技创新加以支撑。

第八，提升贵港制造业竞争力，可以增加民众福祉，实现共享发展目标。制造业在创造就业、提供税收、推动城镇化，会让贵港的普通大众受益。制造业的发展，也为各类人才提供用武之地，促进贵港人才结构的改善。制造业竞争力的提升，会积累更多财富投入科技教育、生态建设与基础设施中，创造有利于进一步发展的良好环境，服务于贵港经济社会循环发展的需求。

第二章

评价制造业竞争力的定性与
定量标准

本章通过简要评述国内外有关竞争力的理论动态和研究进展，为综合评价贵港市制造业竞争力提供理论基础和研究框架。

第一节　竞争力理论发展动态

一、基于国际贸易的比较优势理论

古典国际分工贸易理论的代表人物主要有亚当·斯密和大卫·李嘉图。斯密在其经典著作《国富论》中提出了绝对利益理论，他主张任何区域都应按照绝对有利的生产条件进行专业化生产，然后通过区域交换实现资源的最有效利用。李嘉图在其著作《政治经济学及赋税原理》中提出了相对利益理论，主张各区域应集中生产比较优势较大或劣势较小的商品，即"两优取大优、两劣取小劣"。

新古典国际分工贸易理论以赫克歇尔·俄林的要素禀赋论为代表。要素禀赋理论认为，区际分工贸易产生的主要原因是单个区域生产要素相对丰裕程度的差异，并由此决定了生产要素相对价格和劳动生产率的差异。根据要素禀赋理论的结论，各国应专业化生产要素禀赋相对丰裕的产品。

克鲁格曼等提出了新贸易理论。在不完全竞争、规模报酬递增、外部性等相关假设条件下，新贸易理论认为历史和偶然埋下了区际分工与差异的种子，递增报酬则不断强化着既定的贸易格局，由此推论出，国家间差异越大则产业间的贸易量越大，国家间差异越小则产业内的贸易量越大。

二、波特的国家竞争优势理论

迈克尔·波特在其著作《国家竞争优势》中提出了"钻石体系"模型。波特认为，"一个国家的竞争力不一定在于整个国民经济，而主要是看该国有无一些独特的产业或产业群。影响一国或者一个区域发展及其产业竞争优势的关键因素有四个：要素条件、需求条件、相关支撑产业以及企业战略、组织与竞争……政府在提高国家竞争优势中应起一种催化和激发企业创造力的作用，政府政策成功的关键在于为企业创造一个有利于公平竞争的外部环境"。

三、熊彼特的创新理论与国际竞争

熊彼特在其著作《经济发展理论》中提出了创新理论。熊彼特认为，"创新包括五种形式：新的或经过改进的产品的引进；新技术的应用；新组织结构的引入；新市场的发现；新的投入要素使用"。以上五种形式的创新，都具有使生产力增长的潜力，并由此提高竞争力。

上述理论对于提升贵港制造业竞争力具有一定启示：一是根据古典和新古典贸易理论，贵港要提升制造业竞争力必须要充分发挥自身比较优势，专注于机会成本较小的产品生产；二是根据新贸易理论，即便现有比较优势不明显，也可以通过历史和偶然的因素起作用，强化规模经济效益，从而提升制造业竞争力；三是根据国家竞争优势理论，政府在产业发展过程中既不能越俎代庖，也不能无所作为，需要营造公平的竞争环境和良好的创新创业环境；四是根据技术创新理论，必须深刻理解创新的本质内涵和外延，牢固树立创新、协调、绿色、开放、共享发展新理念，不断提高制造业竞争力。

第二节　国内外竞争力评价的实践进展

基于比较优势理论、竞争优势理论、创新理论等，国内外学者开展竞争力评价，分别构建了指标体系，取得了丰富的成果，为深入开展贵港制造业竞争力提升研究提供有益参考。

一、世界经济论坛的全球竞争力研究

世界经济论坛是以研究和探讨世界经济领域存在的问题、促进国际经济合作与交流为宗旨的非官方国际性机构，总部设在瑞士日内瓦。世界经济论坛从 1979 年开始，对每个国家的竞争力进行评判，是国际上从事竞争力评价最著名的机构之一，它通过对各个国家进行综合考评，推出一年一度的《全球竞争力报告》。该报告认为，全球竞争力指数是"决定一个国家生产力水平的一整套政策、制度和影响因素的集合"。全球竞争力指数以 12 项主要竞争力因素为衡量指标的基础，全面地反映了世界各国的竞争力状况。这些衡量指标包括法律和行政架构、基础设施、宏观经济环境、卫生和基础教育、高等教育和培训、商品市场效率、劳动力市场效率、金融市场发展、技术、市场规模、商业环境完备性和创新。

二、洛桑管理学院的全球竞争力研究

瑞士洛桑国际管理学院（IMD）全球竞争力中心自 1989 年开始发表全球竞争力排名报告，该报告以各经济体的经济表现、政府效能、企业效能和基础设施等为评分指标，包括地区生产总值、外资增加、贪污调查、人口老龄化等方面内容。报告排名的调查评估基于 260 个指标，其中约 2/3 来自上一年度采集的就业和贸易等统计数据，其他指标则来自当年度对众多企业高管的调查。目前全球共有 63 个经济体被纳入评选。

三、德勤公司的制造业竞争力指数研究

截至 2019 年，德勤有限公司全球消费与工业产品行业团队与美国竞争力委员会分别于 2010 年、2013 年、2016 年编制了三份《全球制造业竞争力指数》。这是一个持续多年的研究平台，旨在帮助全球行业高管和决策者评估决定公司和国家竞争力的关键驱动因素，并识别出有望在 2020 年之前提供最有竞争力的制造环境的国家。德勤的研究报告指出，制造业竞争力的关键驱动因素包括：人才竞争力、成本竞争力、生产力以及供应商网络、政策环境等。

四、中国社会科学院的产业竞争力研究

中国社会科学院工业经济研究所长期致力于产业竞争力的研究。陈佳贵、黄群慧等研究员长期关注工业化阶段评价分析、工业现代化水平评价研究。金碚、魏后凯等研究员也对制造业竞争力有深入研究，著有《中国工业国际竞争力报告》《中国工业国际竞争力——理论、方法与实证研究》等专著和系列论文。2016 年 2 月 15 日，中国社会科学院工业经济研究所

课题组在社会科学文献出版社蓝厅举行 2016 年"产业蓝皮书"发布暨中国产业竞争力研讨会。

五、武汉大学的制造业质量竞争力研究

自 2012 年起，武汉大学质量发展战略研究院、宏观质量管理湖北省协同创新中心，已连续多年在全国范围内开展"中国质量观测调查"。这一调查基于对产品（含服务）使用主体——消费者面对面的问卷调查，通过对质量安全（产品不对人造成生理或精神的伤害）、质量满意（指产品质量具有更好的体验性、更高的性价比或符合更高的产品标准）、质量公共服务（政府面向企业和公民的质量相关公共服务）和公民质量素质（与质量发展密切相关的公民意识、知识和能力等方面）这四大维度 100 项指标的统计，定量得出反映我国不同地区、不同行业总体质量水平的质量指数，即"珞珈质量指数"。

第三节　贵港制造业竞争力评价的内涵与要素

基于国内外竞争力的理论动态与研究实践的成果，本书试图构建适合于地级市空间尺度的制造业竞争力评价模型，综合考虑数据的可获得性、可比性等因素，着重从以下几个方面对贵港制造业竞争力进行评价。

一、制造业竞争力的本质内涵

经研究，笔者认为，所谓制造业竞争力是指一个国家或地区的制造业在发展过程中，与其他国家或地区竞争中体现出来的争夺资源要素、产品

市场、售后服务的能力。一个国家或地区制造业的"强""弱"是与其他国家或地区比较而言的，是相对的，因此，对于制造业竞争力的分析应突出与其他国家或地区相比较的优势。

二、制造业竞争力的评价指标

制造业竞争力的构成要素是多方面的，包括规模、结构、成本、效益、品牌质量、环境、区位、政策等方面。

（1）规模竞争力。获得规模经济是提升制造业竞争力的重要手段。一个国家或地区的制造业必须具备一定的规模才有效率。同时，竞争力的提升必然会对扩大规模提出一定要求。要评价制造业的规模竞争力，可以考察制造业的产值、增加值变化及其占地区生产总值的比重等方面。

（2）结构竞争力。优化制造业结构是提升其竞争力的基本途径，同时也是竞争力动态提升的必然要求。要评价制造业的结构竞争力，可以考察制造业的行业结构（传统行业与新兴产业）、企业组织结构（大中小企业、国有企业与民营企业）、空间结构（区域布局与园区发展）等方面。

（3）成本竞争力。制造业竞争的一种表现是在既定市场价格条件下尽可能降低成本。要评价制造业的成本竞争力，可以考察劳动力成本、土地成本、融资成本等方面。

（4）效益竞争力。制造业竞争的另一种表现是在既定生产成本下尽可能提高效益。要评价制造业的效益竞争力，可以考察全员劳动生产率、增加值率、成本费用利润率等指标。结合数据的可获得性，也可以考察人均利润、单位主营业务收入实现的利润等指标。

（5）品牌质量竞争力。三流的企业做产品，二流的企业做品牌，一流的企业做标准。制造业要发展，只有参与制定规则才能真正处于行业领先地位。综合考察企业获得 ISO9000、ISO14000 质量标准，参与行业标准制定，拥有驰名、著名商标，拥有上市公司、老字号、地理标志产品等方面的指标。

（6）绿色竞争力。尽量减少资源环境消耗，增强可持续发展、绿色发展是提升制造业竞争力的基本要求。可以综合考察单位工业增加值的能耗、水耗、污染物排放量等指标。

（7）区位竞争力。根据国际分工贸易理论和新贸易理论，良好的区位条件对制造业发展具有重要意义。可以考察所在区域在国家发展战略格局中的地位以及铁路、公路、水路、航空等交通通达性，可以横向比较高速公路、高速铁路路网密度等指标。

（8）政策竞争力。根据国家竞争优势理论，一个国家或地区的政府政策对于产业发展具有重要影响。特别是营造良好的创新创业氛围、维护公平的竞争秩序，对于提升制造业竞争力至关重要。可以考察政府的规划引导、政策支持等方面的内容，也可以从招商引资和重大项目建设中进一步验证政策的有效性。

此外，创新对于制造业竞争力的提升也很重要。但考虑到贵港作为一个中西部地区的地级城市，所承担的创新任务不应是科学技术原始创新，而更多的是先进科技成果的转化应用，加快推进产业化进程。因此，没有必要过分强调专利数等方面。实际上，根据熊彼特的创新理论，贵港更应开展广义上的多种形式创新，包括引进新的或经过改进的产品、应用新技术、引入新组织结构、开拓新市场、使用新的投入要素。但由于数据的可获得性等原因，对创新竞争力不进行深入研究。

第三章

贵港制造业发展现状与
竞争力的综合比较

本章基于制造业竞争力的理论分析框架，首先对贵港工业化所处的阶段进行定量分析，明确提升制造业竞争力的现实起点；其次通过与国际、全国、广西、周边城市的比较，对贵港制造业的规模竞争力、结构竞争力、成本竞争力、效益竞争力、品牌质量竞争力、绿色竞争力、区位竞争力和政策竞争力等内容进行分析；最后构建指标体系进行综合分析。

第一节　贵港工业化发展阶段与制造业发展现状

一、贵港正处于工业化中期的前半阶段

工业化理论认为，工业化是一个国家或地区随着工业发展、人均收入和经济结构发生连续变化的过程，人均收入的增长和经济结构的转换是工业化推进的主要标志（陈佳贵、黄群慧、钟宏武，2003）。具体而言，工业化主要表现为以下五个方面：①国民收入中制造业活动所占比例逐步提高，乃至占主导地位；②制造业内部的产业结构逐步升级，技术含量不断提高；③在制造业部门就业的劳动人口比例也有增加的趋势；④城市这一工业发展的主要载体的数量不断增加，规模不断扩大，城市化率不断提

高；⑤在上述指标增长的同时，整个人口的人均收入不断增加（约翰·伊特韦尔等，1996；库兹涅茨，1999）。因此，一个国家或地区的工业化水平可以从经济发展水平、产业结构、工业结构、就业结构和空间结构等方面来衡量，衡量工业化水平的指标体系及标准值，如表3-1所示。对上述五个方面的指标采用阶段阈值法进行标准化处理，并分别赋予0.36、0.22、0.22、0.12、0.08的权重，通过线性加权即可得到工业化水平综合指数。前工业化时期的工业化水平综合指数为0，工业化初期的综合指数区间为（0，33]，工业化中期的综合指数区间为（33，66]，工业化后期的综合指数区间为（66，99]，后工业化时期的综合指数区间为（99，100]①。

表3-1　工业化不同阶段的标准值

	前工业化阶段	工业化初期	工业化中期	工业化后期	后工业化阶段
人均GDP（以2010年美元计）	827~1654	1654~3308	3308~6615	6615~12398	12398以上
三次产业增加值结构	A>I	A>20%，且A<I	A<20%，I>S	A<10%，I>S	A<10%，I<S
制造业增加值占总商品增加值比重（工业结构）	20%以下	20%~40%	40%~50%	50%~60%	60%以上
人口城镇化率（空间结构）	30%以下	30%~50%	50%~60%	60%~75%	75%以上
第一产业就业人员占比（就业结构）	60%以上	45%~60%	30%~45%	10%~30%	10%以下

资料来源：黄群慧：《中国的工业化进程：阶段、特征与前景》《中国工业经济》2013年第7期。

---

① 按数学区间符号的使用惯例，开区间不含端点，用圆括号标识；闭区间包含端点，用方括号标识，例如（0，33]的范围是0至33，不含端点0但包括端点33，区间（33，66]、（66，99]、（99，100]的含义类同。

　　贵港市正处于工业化中期的前半阶段。从人均收入水平看，2015 年贵港市人均 GDP 为 20240 元，按 2010 年不变价折合为 2981 美元（见表 3-2），具有工业化前期后半阶段的特征。从增加值结构看，2015 年贵港三次产业的增加值结构为 20.1∶40.3∶39.6，具有工业化中期前半阶段特征；从工业结构来看，制造业占总商品增加值的比重达 52%，具有工业化后期阶段特征。从人口城镇化率看，2015 年城镇化率为 46.5%，即将进入工业化中期；从就业结构看，三次产业的就业人员数分别为 132.85 万人、65.63 万人、75.53 万人，第一产业就业比重高达 48.5%，具有工业化初期的特征。综合来看，2015 年贵港工业化水平综合指数为 38.7，表明正处于工业化中期的前半阶段。

表 3-2　贵港市工业化水平综合指数

	实际值			标准化得分		
	2005 年	2010 年	2015 年	2005 年	2010 年	2015 年
人均 GDP（以 2010 年美元计）	644	1910	2981	0.0	5.2	26.7
三次产业增加值结构	29.1∶33.8∶37.1	19.8∶45.6∶34.6	20.1∶40.3∶39.6	22.9	34.0	33.1
制造业增加值占总商品增加值比重	38	51	52	29.7	71.7	74.7
人口城镇化率	27.3	40.2	46.5	0.0	17.0	27.5
第一产业就业人员占比	51.5	49.0	48.5	18.9	24.5	25.6
综合得分（工业化水平综合指数）				13.1	29.1	38.7

资料来源：根据贵港市统计年鉴数据计算整理。

从纵向比较看，近十年来贵港工业化进程明显加速。2005 年工业化水平综合指数为 13.1，仍处于工业化初期前半阶段；2010 年工业化水平综合指数迅速增加至 29.1，进入工业化初期后半阶段；2015 年工业化水平综合指数进一步提高到 38.7，跨越到工业化中期前半阶段。

从横向比较看，贵港工业化进程滞后于广西和全国平均水平。2005 年，广西、全国的工业化水平综合指数分别达 18.5、39.1（见表 3-3、表 3-4），分别进入到工业化初期后半阶段和工业化中期前半阶段，而贵港市还处于工业化初期前半阶段；2010 年，广西、全国的工业化水平综合指数分别达 37.9、66.0，分别进入工业化中期前半阶段和工业化中期后半阶段，而贵港市还处于工业化初期后半阶段；2015 年，广西、全国的工业化水平综合指数分别达 56.4、81.4，分别进入工业化中期后半阶段和工业化后期前半阶段，而贵港市还处于工业化中期前半阶段。

表 3-3　广西工业化水平综合指数

	实际值			标准化得分		
	2005 年	2010 年	2015 年	2005 年	2010 年	2015 年
人均 GDP（以 2010 年美元计）	1152	2987	5767	0.0	26.8	58.1
三次产业增加值结构	22.9：37.9：39.2	17.5：47.1：35.4	15.3：45.9：38.8	29.1	41.6	49.0
制造业增加值占总商品增加值比重	45	52	57	48.6	73.0	89.1
人口城镇化率	33.6	40.1	47.1	6.0	16.8	28.5
第一产业就业人员占比	56.2	54.2	50.6	8.4	13.0	20.9
综合得分				18.5	37.9	56.4

资料来源：根据广西统计年鉴数据计算整理。

表 3-4 中国工业化水平综合指数

	实际值			标准化得分		
	2005 年	2010 年	2015 年	2005 年	2010 年	2015 年
人均 GDP（以 2010 年美元计）	1913	4515	7269	5.2	45.5	70.5
三次产业增加值结构	11.6：9.5：41.3	9.5：46.4：44.1	8.9：40.9：50.2	61.3	98.3	100.0
制造业增加值占总商品增加值比重	55	57	62	84.0	90.3	100.0
人口城镇化率	43.0	50.0	56.1	21.6	33.2	53.6
第一产业就业人员占比	44.8	36.7	28.3	33.7	51.7	69.5
综合得分				39.1	66.0	81.4

资料来源：根据中国统计年鉴数据计算整理。

贵港制造业有望实现量质同升。国内外发展经验表明，在工业化和城镇化的中期阶段，也就是制造业量质齐升的快速发展阶段。贵港正处于工业化中期的前半阶段，还需一段较长的时间才能完成工业化进程。因此，在未来一定时期内，如果贵港能够抓住国家"一带一路"建设和东部沿海地区产业加快向中西部地区转移等机遇，充分发挥后发优势实行"大招商、招大商"，那么贵港将在全国整体进入经济发展新常态的背景下反而呈现逆势发展的良好态势，贵港的制造业竞争力必将会持续快速提升。

二、近年来制造业呈现跳跃式发展态势

2015 年以来，贵港市经济出现了积极可喜变化，一举扭转长期以来拖自治区经济增长后腿的局面，各方面指标出现好转、加快、提升的新局面，尤其是制造业呈现跳跃式发展态势。

一是整体经济出现明显提速。2016 年，贵港市实现地区生产总值 958.76 亿元，按可比价格计算，同比增长 7.9%，增幅比上年提高 0.4 个百分点，排全区第八位，排名比上年前移三位。2017 年上半年，全市地区生产总值增速排名全区第四、财政收入增速排名全区第三、固定资产投资增速排名全区第一、企业投资环境满意度排名全区第一、第二季度群众安全感排名全区第五。2017 年，全年地区生产总值 1082.2 亿元，同比增长 9%，增速全区排名第三位，比上年同期提高 1.1 个百分点，高于全区平均水平 1.7 个百分点。

二是制造业在整个经济中的贡献增强。2016 年，贵港市全部工业增加值 319.38 亿元，同比增长 8.4%，比上年提高 1.4 个百分点，对经济增长的贡献率为 35.3%，拉动经济增长 2.8 个百分点；2017 年，第二产业增加值 465.9 亿元，同比增长 11.3%；第二产业比重占 43%，比上年提升 2 个百分点。其中，规模以上工业企业增加值同比增长 12.2%，增速全区排名第二位，比上年提高 3.4 个百分点，高于全区平均水平 5.1 个百分点。新能源汽车及电动车、电子信息、生物制药等新兴产业产能加快释放，新兴产业增加值同比增长 61.4%，拉动规模以上工业企业增加值增长 1.6 个百分点。

三是有不少制造业大项目加速流向贵港，奠定了未来发展的基础。2016 年，贵港市全市招商引资新签约项目 394 个，合同投资额 883.9 亿元，其中亿元以上项目 224 个。例如，铁牛汽车、赛尔康电子、贝丰电子、海南新世通制药等一批新兴产业项目落户贵港，汽车、电子信息产业集群初见雏形。招商引资项目新开工 238 个，到位资金 96.9 亿元。

四是园区经济的集聚作用充分发挥。全市五个园区工业总产值由 2006 年的 49.09 亿元增加到 2016 年的 601.01 亿元。截至 2016 年底，工业园区工业总产值已占全市的 60%；规模以上工业企业 185 家，占全市规模以上工业企业数的 40%，增加值总量占全市规模以上工业企业的 59.5%；园区工业增加值同比增长 13.8%，高于全市平均水平 3.5 个百分点，拉动全市规模以上工业企业增加值增长 8 个百分点。2017 年上半年，全市五大园区规模以上工业企业 185 家，占全市规模以上工业企业个数的 40%，增加值总量占全市规模以上工业的 59.5%；园区工业增加值同比增长 13.8%，高于全市平均水平 3.5 个百分点，拉动全市规模以上工业企业增加值增长 8 个百分点。

五是发展的波及效果逐步得到体现。2016 年，平南县、港北区、港南区、覃塘区 GDP 增速和平南县、港北区、港南区财政收入增速高于全自治区平均水平，五个县市区固定资产投资、居民人均可支配收入增速高于全区平均水平。2016 年，贵港市城乡居民人均可支配收入 18642 元，同比增长 9.1%，增速在全区排第五位。

第二节　贵港制造业规模竞争力的比较分析

一、贵港制造业发展已呈现量质齐升的良好态势

2005~2015 年，贵港制造业增加值在波动中持续增长，由 54.03 亿元增至 272.57 亿元，按可比价格计算，总增幅达到 374.4%。在"十一五"时期，除 2008 年受国际金融危机严重冲击暂时回落之外，贵港制造业进入高速增长阶段。但这样的高速增长主要是由制糖、钢铁、水泥、电力、轻工纺织等传统行业驱动。在国际经济复苏缓慢、国内产能过剩的大背景下，贵港制造业在"十二五"期间开始进入转型升级的快车道，特别是近年来，通过实施"大招商、招大商"战略，引进了汽车、电子信息、生物制药等新兴产业，贵港制造业呈现了量质齐升的良好势头。2015 年制造业增速达 18.6%，增幅比上年提高 10.2 个百分点，这为更好发挥规模经济效益、进一步提高制造业竞争力奠定了良好的基础（见图 3-1）。

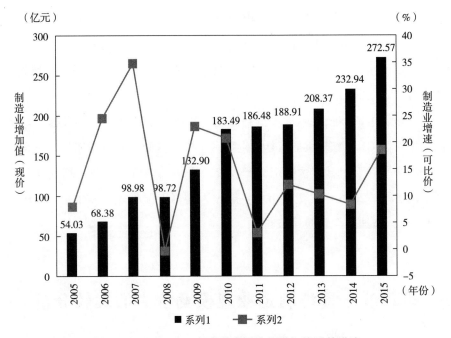

图 3-1　2005～2015 年贵港市制造业增加值及其增速

资料来源：根据贵港市统计年鉴数据计算整理。

二、贵港制造业在广西和全国的规模竞争力逐步增强

2005～2015 年，贵港制造业规模占广西全区的比重呈现先升后降的趋势。2005 年贵港占广西工业增加值的比重为 5.0%，2010 年该比重升至 5.7%，此后降至 2015 年的 4.5%（见表 3-5）。贵港市工业增加值在广西各地级市的排名在 2005 年和 2010 年均保持在全区第 7 名，但 2015 年的排名降至第 9 名。这主要是随着北部湾城市群发展战略的实施，北海、防城港制造业高速发展，反超了贵港。然而，贵港制造业在历经"十二五"期间的结构调整之后，近年来又开始出现了迎头赶上的态势。2016 年，贵港规模以上工业企业增加值实现同比增长 8.8%，增速比上年提高 1.7 个百分点，增速比全区高 1.2 个百分点，在全区排名第七位。

表 3-5　广西各地级市工业增加值及其排名

地市	各市工业增加值（万元）			各市占自治区比重（%）			各市工业增加值排名		
	2005 年	2010 年	2015 年	2005 年	2010 年	2015 年	2005 年	2010 年	2015 年
南宁	165.2	483.8	1000.4	12.9	12.6	15.7	3	2	2
柳州	241.8	776.8	1174.9	18.9	20.2	18.4	1	1	1
桂林	179.6	417.9	745.2	14.0	10.8	11.7	2	3	3
梧州	81.1	304.6	572.6	6.3	7.9	9.0	6	5	4
北海	60.5	144.9	401.3	4.7	3.8	6.3	8	11	7
防城港	30.5	138.2	310.5	2.4	3.6	4.9	14	12	8
钦州	55.2	187.9	278.2	4.3	4.9	4.4	12	8	10
贵港	64.4	218.8	285.9	5.0	5.7	4.5	7	7	9
玉林	104.4	324.1	509.6	8.1	8.4	8.0	4	4	5
百色	88.1	273.5	433.6	6.9	7.1	6.8	5	6	6
贺州	58.7	105.9	126.9	4.6	2.7	2.0	10	14	14
河池	57.4	180.1	147.1	4.5	4.7	2.3	11	9	13
来宾	58.9	168.0	158.6	4.6	4.4	2.5	9	10	12
崇左	36.3	127.5	226.4	2.8	3.3	3.6	13	13	11

资料来源：根据广西统计年鉴数据计算整理。

贵港制造业在广西、全国的竞争力在逐步提升。2005~2015 年，贵港制造业增加值在广西的区位商从 0.88 提高到 0.91，贵港制造业增加值在全国的区位商从 0.74 提高到 1.04。特别是在 2010 年和 2015 年，贵港制造业在全国的区位商都大于 1，表明贵港制造业相对全国平均水平来说具备了一定的竞争力（见表 3-6）。

表 3-6　贵港市制造业增加值在广西和全国的区位商

		2005 年	2010 年	2015 年
制造业增加值	贵港	54.0	183.5	273.7
	广西	1080	3211	5832
	全国	60118	130283	209314

续表

		2005 年	2010 年	2015 年
地区生产总值	贵港	227.0	544.7	865.2
	广西	3984	9570	16803
	全国	187319	413030	685506
制造业占地区生产总值比重	贵港	23.8	33.7	31.6
	广西	27.1	33.6	34.7
	全国	32.1	31.5	30.5
贵港制造业在广西的区位商		0.88	1.00	0.91
贵港制造业在全国的区位商		0.74	1.07	1.04

注：区位商＝本地制造业增加值占其地区生产总值的比重／上级区域制造业增加值占其地区生产总值的比重。区位商越大则表明竞争力越强，其中区位商<1，表明缺乏竞争力；区位商>1，表明具有竞争力。

资料来源：根据贵港、广西、中国统计年鉴数据计算整理。

三、未来贵港制造业的规模及其比重仍将持续上升

根据克拉克、佩蒂、库兹涅茨等经济学家的研究，一个国家或地区的产业结构演进表现出一般性规律：随着经济发展阶段的推移，劳动力逐步从第一产业向第二、第三产业转移，第二产业增加值会先增加后降低。也就是说，制造业增加值占 GDP 比重会呈现出倒"U"形规律。根据联合国统计数据，1970~2015 年，美国、英国、日本、德国、加拿大等发达国家的制造业占 GDP 的比重已处在倒"U"形曲线的持续下降阶段，而印度、印度尼西亚、中国等发展中国家的制造业比重正处于倒"U"形曲线的顶端向下滑落的阶段（见图 3-2）。近十年来，由于受到国际金融危机和国家产业政策的影响，贵港制造业增加值占 GDP 的比重起伏较大，但自 2012 年以来该比重已经企稳回升，目前贵港制造业比重大约相当于 20 世纪 70 年代初德国和日本的水平。

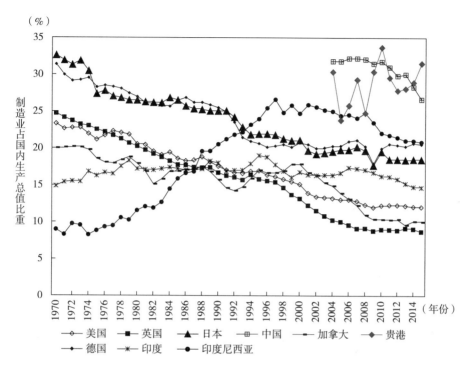

（%）

图3-2　1970~2015年世界主要国家制造业增加值占GDP比重比较

资料来源：根据联合国统计数据库、贵港统计年鉴数据计算整理。

　　从广西各地级市的横向比较看，梧州、柳州、防城港等城市2015年的工业增加值占GDP的比重已高于50%，而贵港的比重仅为33%，在广西各地级市中排名第九（见图3-3）。由此可见，贵港工业，尤其是制造业的比重还有一定的提升空间。

　　基于国际、全国和广西各地级市的比较，结合贵港所处的工业化中期阶段，可以预测：在未来一段时期内，随着汽车、电子信息、生物医药等新兴产业的快速发展，贵港制造业增加值规模将持续扩大，占GDP的比重也将有所提高，制造业的规模竞争力也进一步提升。

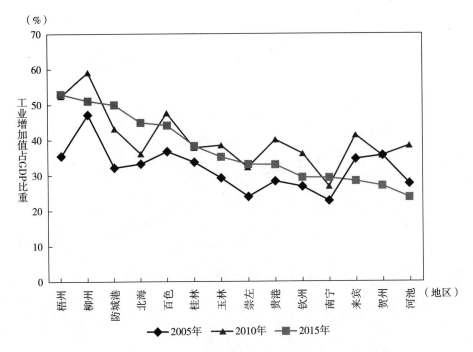

图 3-3　2005~2015 年广西各地级市工业增加值占 GDP 比重比较

资料来源：根据广西、贵港统计年鉴数据计算整理。

第三节　贵港制造业结构竞争力的比较分析

一、新兴行业开始推动提升贵港制造业的行业结构竞争力

目前，贵港在某些制造业行业已经具有较强的竞争力。2015 年，贵港的纺织服装、服饰业，铁路、船舶、航空航天和其他运输设备制造业，皮革、毛皮、羽毛及其制品和制鞋业，非金属矿物制品业，木材加工及木、

竹、藤、棕、草制品业，农副食品加工业，酒、饮料和精制茶制造业，食品制造业，通用设备制造业，造纸及纸制品业，化学原料及化学制品制造业 11 个行业在广西的区位商大于 1，特别是前 5 个行业的区位商大于 2，具有较强的竞争力。

表3-7　贵港市制造业分行业增加值在广西的区位商

行业	贵港2010年增加值（万元）	贵港2015年增加值（万元）	2010年占广西比重（%）	2015年占广西比重（%）	2010年区位商	2015年区位商	区位商变化
农副食品加工业	652800.1	1335935	5.8	5.7	1.29	1.51	0.22
食品制造业	80893.3	164436	6.4	4.2	1.42	1.12	-0.3
酒、饮料和精制茶制造业	123116.4	298533	6.2	5.5	1.38	1.46	0.08
纺织业	65526.1	83266	5.5	3.0	1.21	0.79	-0.42
纺织服装、服饰业	188222	817684	50.4	59.3	11.20	15.70	4.5
皮革、毛皮、羽毛及其制品和制鞋业	206586	292672	28.3	21.9	6.29	5.81	-0.48
木材加工及木、竹、藤、棕、草制品业	176126.6	808586	5.4	7.8	1.20	2.05	0.85
造纸及纸制品业	101873.5	148639	6.0	3.9	1.33	1.03	-0.3
印刷业和记录媒介的复制	1120.2		0.2	0.0	0.05	0.00	-0.05
文教、工美、体育和娱乐用品制造业	4842	38010	4.8	3.0	1.06	0.79	-0.27
石油加工、炼焦及核燃料加工业	612		0.0	0.0	0.01	0.00	-0.01
化学原料及化学制品制造业	240860.2	464183	4.4	3.8	0.98	1.02	0.04
医药制造业	60424.2	97322	3.6	2.2	0.79	0.59	-0.2
橡胶和塑料制品业	31995.7	35495	2.9	1.0	0.65	0.27	-0.38
非金属矿物制品业	839796.9	1699341	13.8	10.0	3.07	2.64	-0.43
黑色金属冶炼及压延加工业	507442.3	513600	4.8	2.1	1.06	0.56	-0.5
有色金属冶炼及压延加工业	41129.8	5234	0.6	0.0	0.14	0.01	-0.13

续表

行业	贵港2010年增加值（万元）	贵港2015年增加值（万元）	2010年占广西比重（%）	2015年占广西比重（%）	2010年区位商	2015年区位商	区位商变化
金属制品业		15732	0.0	0.4	0.00	0.10	0.1
通用设备制造业	101913.6	142162	5.5	4.2	1.21	1.11	-0.1
专用设备制造业	26119.1	35919	0.8	0.7	0.17	0.18	0.01
汽车制造	2206.3	14184	0.0	0.1	0.00	0.02	0.02
铁路、船舶、航空航天和其他运输设备制造业	234380.5	604486	31.5	34.3	7.00	9.09	2.09
电气机械及器材制造业	61548.5	69330	2.2	0.8	0.49	0.20	-0.29
计算机、通信和其他电子设备制造业	23319.6	15437	1.0	0.1	0.23	0.03	-0.2
仪器仪表制造	1420.4	2717	0.5	0.5	0.12	0.14	0.02
工艺品及其他制造业	3240.8	10893	0.8	3.6	0.18	0.96	0.78

资料来源：根据广西、贵港统计年鉴数据计算整理。

从动态来看，贵港制造业的行业结构竞争力在不断增强。2010~2015年，贵港制造业行业结构在不断优化，贵港的纺织服装、服饰业，铁路、船舶、航空航天和其他运输设备制造业，木材加工及木、竹、藤、棕、草制品业，工艺品及其他制造业，农副食品加工业，金属制品业，酒、饮料和精制茶制造业，化学原料及化学制品制造业，仪器仪表制造，汽车制造，专用设备制造业11个行业的区位商在增加。而黑色金属冶炼及压延加工业，皮革、毛皮、羽毛及其制品和制鞋业，非金属矿物制品业，纺织业，橡胶和塑料制品业，造纸及纸制品业，食品制造业7个科技含量较低、环境污染较大的行业的区位商显著下降了0.3。这表明近年来贵港制造业的转型升级已经取得了一定的成效，正在逐步摆脱对水泥、电力、钢铁等传统产业的过度依赖，而代表未来发展方向的汽车、电子信息、生物医药等新兴产业初具规模。可见，从行业结构来看，贵港制造业的结构竞争力在不断增强。

二、大中型民营企业增强了贵港制造业的企业结构竞争力

贵港大中型制造业企业的竞争力显著增强。在贵港制造业企业组织结构中，大中小企业比例关系逐步协调，大中型企业的带动作用逐步显现。2010～2015 年，贵港规模以上制造业企业中，大型企业的数量从 1 个增加到 12 个，占全部企业数量的比重提高了 2.68 个百分点；中型企业的数量从 48 个增加到 105 个，占全部企业数量的比重提高了 13.98 个百分点。同期，大型企业总产值占全部企业的比重从 2.97% 提高到 22.35%，中型企业所占的比重从 54.98% 下降到 44.21%。2016 年，大中型工业企业对工业增长贡献过半，大中型工业企业增加值同比增长 7.8%，对贵港市规模以上工业企业增长的贡献率为 62.1%，拉动贵港市规模以上工业企业增长 5.4 个百分点（见表3-8）。

表 3-8　贵港市规模以上制造业企业数量及总产值情况（分规模）

		绝对值（个、亿元）			比例（%）		
		大型企业	中型企业	小型企业	大型企业	中型企业	小型企业
企业数量	2010 年	1	48	366	0.24	11.57	88.19
	2015 年	12	105	294	2.92	25.55	71.53
	变化	11	57	−72	2.68	13.98	−16.66
总产值	2010 年	13.95	258.56	197.79	2.97	54.98	42.06
	2015 年	191.30	378.39	286.20	22.35	44.21	33.44
	变化	177.34	119.83	88.41	19.38	−10.77	−8.62

资料来源：根据贵港市统计年鉴数据计算整理。

通过引进一批知名民营企业显著提升了制造业竞争力。贵港实施了"大招商、招大商"计划，引进了赛尔康、华尔、腾骏等一批知名企业，"十二五"期间产值超亿元企业由 101 家发展到 209 家，这为提升贵港制

造业竞争力奠定了良好的微观基础。2010~2015 年，规模以上民营企业数量从 358 个增加到 370 个，占全部企业数量的比重从 86.27% 提高到 90.02%；总产值从 320.04 亿元增加到 677.62 亿元，占全部企业总产值的比重从 68.05% 提高到 79.17%，提高了 11.1 个百分点。2016 年，贵港市非公有制工业增加值同比增长 9.5%，高出贵港市平均水平 0.7 个百分点；贡献率也遥遥领先于其他经济成分企业，达到 100.6%，拉动贵港市规模以上工业企业增长 8.8 个百分点（见表 3-9）。

表 3-9　贵港市规模以上制造业企业数量及总产值情况（分所有制）

		绝对值（个、亿元）			比例（%）		
		国有企业	民营企业	港澳台及外资企业	国有企业	民营企业	港澳台及外资企业
企业数量	2010 年	13	358	44	3.13	86.27	10.60
	2015 年	7	370	34	1.70	90.02	8.27
	变化	-6	12	-10	-1.43	3.76	-2.33
总产值	2010 年	65.69	320.04	84.57	13.97	68.05	17.98
	2015 年	43.50	677.62	134.75	5.08	79.17	15.74
	变化	-22.18	357.58	50.18	-8.88	11.12	-2.24

资料来源：根据贵港市统计年鉴数据计算整理。

三、园区集聚效应正在提升贵港制造业的空间结构竞争力

"十二五"以来，贵港制造业加速向桂平、覃塘、平南集中，而港北区正在腾退低端产业、引进高端产业。2010~2015 年，港北区规模以上制造业企业增加值占全市的比重从 17.2% 下降到了 6.0%，下降了 11.2 个百分点（见表 3-10）。这主要是由于港北区正在加快产业结构调整，腾退了一批食品制造业，皮革、毛皮、羽毛（绒）及其制品业，木材加工及木、竹、藤、棕、草制品业，化学原料及化学制品制造业，橡胶制品业，非金

属矿物制品业，有色金属冶炼及压延加工业等传统制造业，但同时也开始引进了一些高附加值的汽车等产业。"十二五"期间，桂平市的制造业发展较快，规模以上制造业企业占全市的比重从38.7%提高到了48.1%，提高了9.4个百分点。2016年，港南、覃塘、平南规模以上工业企业增加值增速分别高达9.1%、15.8%、14.5%。这为今后提升空间结构竞争力打下了基础。

表 3-10　贵港市规模以上制造业企业增加值的区域分布情况

		港北区	港南区	覃塘区	平南县	桂平市
绝对值（平方公里、万人、亿元）	区域面积	1096.54	1099.07	1352.24	2983.96	4070.53
	2010年常住人口	57.84	50.8	40.75	112.8	149.69
	2015年常住人口	60.72	53.15	42.35	117.13	156.02
	2010年增加值	22.89	12.15	16.97	29.54	51.56
	2015年增加值	13.90	17.08	33.08	55.78	111.21
比例（%）	区域面积	10.3	10.4	12.8	28.1	38.4
	2010年常住人口	14.0	12.3	9.9	27.4	36.3
	2015年常住人口	14.1	12.4	9.9	27.3	36.3
	2010年增加值	17.2	9.1	12.7	22.2	38.7
	2015年增加值	6.0	7.4	14.3	24.1	48.1
2010~2015年增加值比例变化（%）		−11.2	−1.7	1.6	1.9	9.4

资料来源：根据贵港市统计年鉴数据计算整理。

近年来，贵港市制造业的园区化发展特色明显。与国内其他地区发展出现趋同的现象是，贵港市在全市建立了一批工业园区，在全市范围内县级市、县和区都有分布。这些园区分别为：贵港市产业园区、桂平产业园、平南县工业园区、贵港国家生态工业（制糖）示范园区、覃塘产业园区、港南工业园区。其中，贵港市产业园区为自治区有重要影响的产业园区，桂平产业园、平南县工业园区、贵港国家生态工业（制糖）示范园区、覃塘产业园区为自治区 A 类园区。园区带动贵港市经济发展的效应凸显，发展步伐强劲。

第四节　贵港制造业成本竞争力的比较分析

一、贵港制造业发展仍有较强的劳动力成本优势

从与广西各地级市比较来看，贵港制造业具有明显的劳动力成本优势。2005 年贵港城镇单位制造业人均工资仅为 9954 元，在全区排第 13 名；2010 年为 19487 元，排第 12 名；2015 年为 34960 元，在全区排第 13 名（见表 3-11）。2015 年贵港制造业人均工资仅相当于广西平均工资 46121 元的 75.8%。

表 3-11　2005~2015 年贵港市与广西各市城镇单位制造业人均工资比较

市别	平均工资（元）			平均工资排名		
	2005 年	2010 年	2015 年	2005 年	2010 年	2015 年
广西平均	14626	26179	46121			
南宁市	12175	22126	49508	7	8	3
柳州市	21703	35742	59341	1	1	1
桂林市	14613	24902	45106	4	6	7
梧州市	10338	22531	34453	11	7	14
北海市	11617	21012	35785	8	11	11
防城港市	12802	26464	50186	6	5	2
钦州市	8045	22051	45162	14	9	6
贵港市	9954	19487	34960	13	12	13
玉林市	15297	28135	40305	3	3	8
百色市	14385	30661	46080	5	2	4

市别	平均工资（元）			平均工资排名		
	2005 年	2010 年	2015 年	2005 年	2010 年	2015 年
贺州市	10745	18076	39380	10	14	9
河池市	10150	18106	35484	12	13	12
来宾市	15890	27428	45563	2	4	5
崇左市	11378	21847	38931	9	10	10

资料来源：根据广西统计年鉴数据计算整理。

从与全国各省（区、市）比较来看，贵港制造业也具有明显的劳动力成本优势。2015 年，贵港制造业人均工资比全国制造业人均工资最低的河南、山西等省份还要低，仅相当于人均工资最高的北京市的 39.3%，相当于相邻的广东省平均水平的 60.9%，相当于全国平均工资 55324 元的 63.2%。

当然，贵港劳动力的文化素质和劳动技能与发展高端制造业的要求也还有一些差距，部分青壮年劳动力流动到珠三角等地区务工，造成本地制造业企业在一些时期出现了招工难等问题。如果能够在劳动力职业技能培训、职工子女就近入学、工厂周边消费环境等方面持续努力，积极营造良好的创新创业氛围和就业环境，那么贵港制造业发展在劳动力成本方面的竞争力将进一步提升。

二、贵港具备提升制造业竞争力的土地保障条件

贵港地形地质条件较好，土地资源较丰富，为工业用地提供了坚实保障。贵港市地处珠江水系，浔江、郁江河段自西向东贯穿全市，南北面为丘陵和山区，中部为广西最大的平原浔郁江平原，地形地貌上以喀斯特地貌为典型，北面为山区地带，南面为丘陵，地形上总体呈现北高南低。区域总面积 10602 平方公里，耕地面积 32.29 万公顷。根据《贵港市土地利

（地区）

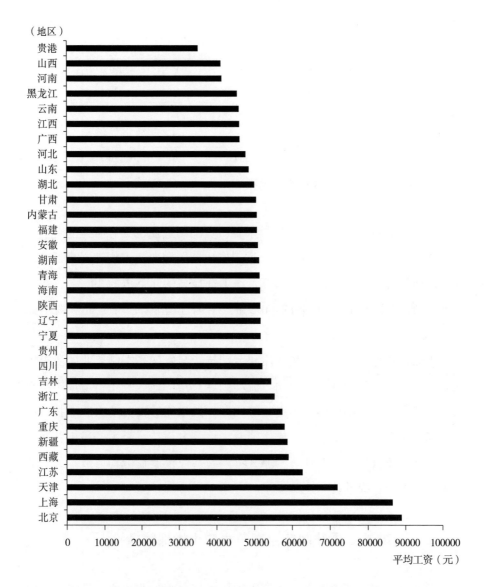

图3-4 2015年贵港市与各省（区、市）城镇单位制造业人均工资比较

资料来源：根据全国及贵港统计年鉴数据计算整理。

用总体规划（2006~2020年）调整完善方案（2015年调整）》，到2020年，城镇工矿用地控制在23240公顷之内。其中，各类工业园区规划面积

177 平方公里（见表 3-12），可以满足制造业快速发展对土地的需求。2016 年，国土资源部给予贵港市 0.5 万亩的土地奖励指标，为贵港制造业的进一步发展奠定了土地基础。

表 3-12　贵港市工业园区规划面积和目前发展态势

	范围	规划总面积（平方公里）	主要产业类型	2017 年 1~9 月产出规模
贵港市产业园区	含原江南工业园、粤桂（贵港）循环经济产业园、覃塘石卡园及大岭工业集中区	53.13	新能源汽车，皮革、羽毛及其制品，木竹加工，糖深加工，新型建材，食品加工，船舶修造	工业总产值 137.03 亿元，工业增加值 33.69 亿元
桂平市产业园	长安工业区、龙门陶瓷工业园、西山船舶修造工业区和木乐服装工业区	39	生物化工、汽车及工程机械零部件制造、新型建筑陶瓷、船舶修造、服装加工	工业总产值 162.62 亿元，工业增加值 52.52 亿元
平南县工业园区	临江产业园、丹竹建材产业园、平山工业园和大成工业园	37.48	建材、保健品、农产食品加工、竹藤制品	工业总产值 131.49 亿元，工业增加值 42.43 亿元
贵港国家生态工业（制糖）示范园区	—	18.09	低速电动车、新材料、钢材加工、电子信息、电力设备、制药，配套发展生产性物流业	工业总产值 61.52 亿元，工业增加值 8.33 亿元
覃塘产业园区	覃塘林产品加工区、黄练工业区、甘化工业园	12.32	板材加工及家具制造、建材、生物化工、特色食品加工	工业总产值 70.81 亿元，工业增加值 26.73 亿元
港南工业园区	港南木业产业园、桥圩工贸科技创业园、港南物流园和东津分园	16.64	木业、羽绒、农产食品加工、装备制造、配套物流仓储	—

资料来源：贵港市经信委，2017 年 11 月。

第五节　贵港制造业效益竞争力的比较分析

一、贵港制造业效益竞争力提升的短板是人均利润较低

2015 年，贵港规模以上工业企业人均利润为 5.38 万元，相当于全国和广西平均水平的 79.4%、70.5%。2015 年，贵港规模以上工业企业人均利润在广西各地级市中排名第 9 位。这表明，目前贵港制造业的质量效益有待提高，是制约竞争力提升的短板。

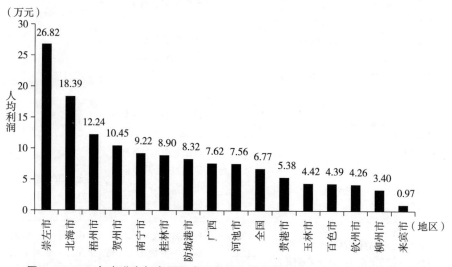

图 3-5　2015 年贵港市与全国及广西各地市的规模以上工业企业人均利润比较

资料来源：根据中国、广西统计年鉴数据计算整理。

二、贵港制造业百元主营业务收入实现利润的含金量较高

2015 年，贵港规模以上工业企业每百元主营业务收入实现的利润为

7.41 元，分别相当于全国和广西平均水平的 1.24 倍、1.18 倍。2015 年，贵港规模以上工业企业人均利润在广西各地级市中排名第 8 位。这表明，目前贵港制造业单位主营业务收入实现的利润含金量还是比较高的，优于全国和广西的平均水平。

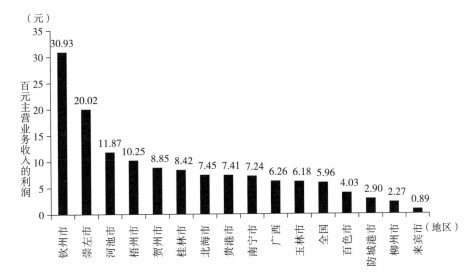

图 3-6　2015 年贵港市与全国及广西各地市的规模以上工业企业的利润比较

资料来源：根据中国、广西统计年鉴数据计算整理。

第六节　贵港制造业品牌质量竞争力的比较分析

一、贵港制造业竞争力提升缺乏"大品牌"支撑

目前，贵港制造业尚未形成全国范围内的知名品牌，这在一定程度上制约了贵港制造业竞争力的提升。贵港制造业的制糖、钢铁、水泥等传统

行业曾经显赫一时，在广西壮族自治区占有重要地位。但是，贵港一些传统行业发展缺乏后劲，尚未形成一批具有竞争力的品牌和驰名商标。2016年，贵港市拥有中国驰名商标 2 个、国家质量标杆 1 个、国家地理标志保护产品 2 个、广西名牌产品 43 个、广西著名商标 40 件、广西优质工程 20 个、4A 级旅游景区 2 个、4 星级酒店 5 个、广西老字号 2 个、广西服务业品牌 1 个、贵港市市长质量奖 4 个。但相对广州、深圳等东部沿海地区发展城市以及广西柳州等城市来说，贵港的品牌竞争力仍显不足。

二、贵港制造业竞争力提升亟须深入推进"质量强市"

贵港还积极推动了"质量强市"行动，对提升制造业质量水平起到了较好作用。根据《广西壮族自治区人民政府办公厅关于 2016 年全区实施质量兴（强）桂战略及各市质量工作绩效考评情况的通报》（桂政办电〔2017〕102 号），贵港市 2016 年实施质量兴（强）桂战略工作被评定为良好等级。截至 2019 年，贵港市通过 ISO9000 企业有 139 家，ISO14000 企业有 35 家。贵港制造业企业普遍偏小，生产条件参差不齐，特别是中小企业的检测设施不足，检测技术落后，质量控制还不够稳定，这在一定程度上也制约了贵港制造业竞争力的提升。

第七节　贵港制造业绿色竞争力的比较分析

一、贵港制造业的能源利用效率有待提升

从能源消耗总量来看，目前贵港制造业对能源的消耗需求总量已基本

保持稳定。2005~2015年，贵港工业发展对能源的能源消耗量快速上升。2005年工业发展消耗标准煤227.9万吨，2015年则消耗了536.4万吨，十年间对标准煤的消耗总量提高了135%。但是从发展趋势来看，随着贵港传统制造业的加快转型，"十二五"以来，煤炭消耗总量基本保持稳定，甚至在2015年出现了总量下降的趋势（见图3-7）。

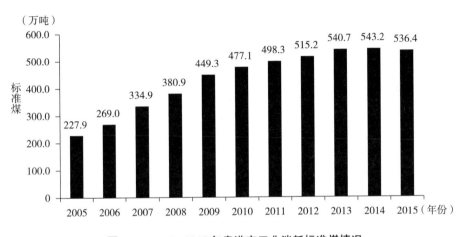

图3-7　2005~2015年贵港市工业消耗标准煤情况

资料来源：根据贵港市统计年鉴数据计算整理。

从能源利用效率来看，贵港制造业对能源的利用水平明显提升。"十二五"期间，贵港积极淘汰铁合金落后产能1.2万吨，淘汰造纸落后产能5.915万吨，淘汰水泥落后产能324万吨，使得全市工业增加值单位能耗大幅下降，累计下降39%，其中规模在万元以上工业增加值能耗累计下降26%，五大高耗能行业占比下降3.5个百分点。"十三五"以来，贵港工业节能降耗稳步推进，2016年，全市规模以上万元工业增加值能耗同比下降4.8%，2017年，第一季度同比下降12.3%。

从横向比较看，贵港能耗水平较高。2015年，贵港万元地区生产总值能耗为0.78万吨标准煤，而全国2014年的平均水平为0.75万吨标准煤，广西2015年的平均水平为0.58万吨标准煤。

二、贵港制造业具有较高的水资源利用效率

2015 年，贵港工业用水量为 5675 万立方米，工业重复用水量为 2095 万立方米，工业用水重复率仅为 36.92%，远远低于广西全区 93.60% 的平均水平。但贵港每万元工业增加值用水量处于较低水平，仅为 19.85 立方米，相当于广西平均水平的 36.7%（见表 3-13）。

表 3-13　2015 年贵港市与广西地级市工业用水重复利用率比较

	工业用水量 （万立方米）	工业重复用水量 （万立方米）	工业用水 重复利用率 （%）	工业增加值 （亿元）	万元工业增加值 用水量 （立方米）
广西	343889	321881	93.60	6359.82	54.07
南宁	9544	6901	72.31	1000.37	9.54
柳州	276230	263962	95.56	1174.93	235.10
桂林	10868	8923	82.10	745.22	14.58
北海	41572	40000	96.22	401.25	103.61
贵港	5675	2095	36.92	285.89	19.85

资料来源：根据中国城市建设统计年鉴数据计算整理。

第八节　贵港制造业区位竞争力的比较分析

一、贵港具有提升制造业竞争力的区位优势

贵港市地理位置优越，地处广西的南宁、柳州、北海、梧州等重要

城市的几何中心，是南宁市经济圈、华南经济圈、西南经济圈、北部湾经济区的交汇处，也是承东启西、连接东盟的重要地区性交通枢纽。通过全面融入珠江—西江经济带建设，发挥地缘优势，深化与广州、深圳、东莞等地产业合作，有利于促进工业实现跨越式发展，加快制造业提质增效。

贵港市是丝绸之路经济带和21世纪海上丝绸之路的连接处，是面向粤港澳和东盟开放合作的前沿地带。通过融入"一带一路"建设，加强与珠江三角洲、长江三角洲和广西—东盟经济开发区等区域的产业合作，引进承接重要产业转移，输出本地优势产品，有利于进一步提升制造业竞争力。

二、贵港制造业竞争力提升具有优越的交通条件

贵港交通条件十分优越，具有铁路、高速公路、港口等多式联运的潜力，拥有西江流域最长的港口岸线资源，可以有效降低制造业原料和产成品的物流成本。铁路方面，黎湛铁路在市城区经过，南广高铁贯穿市中心城区和桂平、平南，境内拥有铁路里程260公里，铁路密度为0.25公里/百平方公里，超过全区0.20公里/百平方公里。高速公路方面，广州至昆明、桂平石龙至来宾、梧州至贵港三条高速公路覆盖贵港三区二县市，总里程达到200公里，高速公路密度为1.88公里/百平方公里，超过全区1.68公里/百平方公里的平均水平。国省道干线方面，拥有一级公路里程116公里，密度达到1.09公里/百平方公里，超过全区0.43公里/百平方公里的平均水平，在全区排名第三；二级公路里程603公里，密度达到5.69公里/百平方公里，超过全区4.39公里/百平方公里的平均水平，在全区排名第三。港口方面，西江黄金水道流经贵港境内的各县市区，沿江两岸岸线长545公里，可开发利用的港口岸线达107公里，2000吨级船运可直达穗、港、澳；现有码头159个（其中2000吨级以上泊位28个），集

装箱吞吐能力 25 万标准箱，港口年货物吞吐能力为 4853 万吨，占全区的 50%，货船运力占广西内河水运的 60% 以上。这为提升制造业竞争力奠定了良好的物质基础和交通运输条件。

第九节　贵港制造业政策竞争力的比较分析

一、多重政策叠加优化了制造业竞争力提升的制度环境

贵港发展制造业具有多重政策支持。一是贵港属西部省区的城市，享受国家西部大开发和民族区域自治的优惠政策，特别是《国务院关于进一步促进广西经济社会发展的若干意见》和国家新十年西部大开发战略，明确支持广西建设西江经济带，建设国家级桂东四市承接产业转移示范区。目前珠江—西江经济带发展已上升为国家战略；二是广西壮族自治区制定了《广西桂东承接产业示范区规划》和《广西西江经济带发展总体规划》，并出台了一系列产业支持政策；三是贵港市近年来明确提出了"工业兴市、工业强市"战略，不断提升政府综合管理服务效能，深入开展"大招商、招大商"活动，营造了良好的投资软环境和创新创业氛围，为提升制造业竞争力提供了坚强的制度政策保障。

二、"工业兴市、工业强市"战略开启了贵港制造新纪元

贵港大力实施"工业兴市、工业强市"战略，先后出台了《贵港市招商引资产业项目扶持原则》《工业投资优惠暂行办法》，制定了《贵港市工业绿色发展规划》《贵港市工业和信息化发展"十三五"规划》以及节能

环保产业、汽车等行业专项规划，强力推动制造业加快发展，创造了工业项目建设的"贵港速度"，开启了"贵港制造"新纪元。2016 年，贵港市固定资产投资完成 841.69 亿元，同比增长 22%，增速虽比上年回落了 4 个百分点，但仍然保持高位运行，全区排名第一位；其中，亿元项目投资高速增长，亿元项目 109 个，比 2015 年增加 23 个，占项目个数的比重为 3.4%，完成投资额 173.82 亿元，占项目完成投资的比重为 23.5%，同比增长 53.6%。

在"工业兴市、工业强市"战略指引下，"大招商、招大商"活动取得了显著成效，先后引进了以华奥新能源汽车、广西久久星电动车、广西益达新能源电动车、赛尔康电子制造、贝丰国际（贵港）科技产业园、海南新世通、众泰汽车、空域集团飞机零部件生产基地等一批新兴产业项目，中国—东盟电动车生产基地已初具规模，极大地改变了高能耗资源型的传统产业格局，为发展高端制造业、提升制造业竞争力奠定了良好的微观基础。

第十节　贵港制造业竞争力综合指数比较分析

为全面评价贵港制造业竞争力情况，有必要构建制造业竞争力综合指数。综合考虑制造业竞争力的本质内涵、构成要素以及数据的可获得性等因素，选择一些可量化的指标，并综合使用因子分析和主观赋权两种方法，计算出竞争力综合指数（计算过程参见附件）。在规模竞争力方面，选择制造业增加值增速、制造业从业人员数、制造业企业单位数等指标，反映制造业的增加值、人员、企业方面的经济体量；在结构竞争力方面，选取企业平均规模、人均资本投入指标，反映制造业的企业组织结构和资本结构；在成本竞争力方面，选取制造业平均工资、城镇化率指标，反映制造业的劳动成本和劳动力数量；效益竞争力方面选取人均利润率指标，反映制造业经济效益；在品牌竞争力方面，选取制造业企业拥有的广西名牌数指标，反映品牌创新情况；在政策竞争力方面，考虑到投资对产业政策和宏观税负比较敏感，故选取固定资产投资增速、税收收入占 GDP 的比重用于反映政策环境。区位竞争力和绿色竞争力方面，由于数据可获得性等原因，未能选择相应的指标进入竞争力综合指数分析。

一、贵港制造业竞争力从广西末端跃升至中等偏上水平

综合使用因子分析法和主观赋权两种方法，结果表明，2005～2015 年，贵港在广西 14 个地级市中的制造业竞争力排名大幅提升，从第 13 名提高到了第 6 名，提高了 7 个位次。2005 年贵港制造业竞争力综合指数均为第 13 名，位居全区倒数第二名；其中，2010 年使用因子分析法，贵港的名次为第 10 名；使用主观赋权方法为第 9 名，位于全区的中下水平；2015 年，使用两种方法贵港的名次均为第 6 名，提升至全区的中上水平。从时间节点看，2012 年以来，贵港制造业竞争力综合指数发生了较大飞跃，竞争力显著提升。

二、贵港制造业竞争力与广西制造业强市差距快速缩小

根据课题组对广西各地市制造业竞争力指数测算结果，可以将 14 个地市分为四个阵列，综合指数 60 分以上的地市处于第一方阵，综合指数为 50～60 分的地市处于第二方阵，综合指数在 40～50 分的地市处于第三方阵，综合指数在 40 分以下的地市处于第四方阵。按照 2010～2015 年测评的制造业竞争力指数看，南宁、柳州、桂林处于制造业强市第一方阵；梧州、北海、贵港、崇左、玉林、防城港处于制造业强市第二方阵。

表3-14　2005~2015年广西各地级市制造业竞争力综合指数排名

排名	2005年		2010年		2011年		2012年		2013年		2014年		2015年	
1	柳州	54.88	柳州	61.39	柳州	69.55	柳州	65.44	南宁	65.08	南宁	65.45	南宁	65.60
2	南宁	50.04	南宁	55.86	桂林	60.59	南宁	62.29	柳州	62.81	柳州	62.12	柳州	61.18
3	桂林	49.03	防城港	55.25	南宁	55.63	梧州	56.31	梧州	59.21	北海	57.87	桂林	57.31
4	防城港	47.57	桂林	51.10	防城港	52.12	北海	53.96	桂林	56.91	桂林	54.02	北海	56.87
5	北海	45.80	玉林	48.84	梧州	48.58	贵港	53.70	北海	56.18	贵港	46.17	崇左	54.73
6	百色	44.89	北海	48.51	北海	47.60	桂林	51.82	玉林	50.12	梧州	45.76	贵港	53.99
7	崇左	44.68	梧州	47.99	玉林	44.75	防城港	49.82	贵港	49.19	河池	45.70	梧州	52.68
8	贺州	43.91	来宾	44.71	贵港	43.25	玉林	47.24	崇左	48.44	贺州	44.78	防城港	48.76
9	梧州	42.45	贵港	43.28	崇左	42.51	崇左	43.14	贵港	45.74	玉林	44.44	玉林	48.05
10	河池	39.37	崇左	38.78	河池	41.02	贺州	42.24	防城港	44.85	防城港	42.37	河池	43.52
11	来宾	37.98	河池	38.55	贺州	38.83	来宾	39.36	贺州	43.29	崇左	41.73	贺州	40.63
12	玉林	34.51	钦州	35.45	来宾	38.26	钦州	37.35	百色	43.15	百色	33.24	百色	38.95
13	贵港	34.16	贺州	30.24	钦州	32.62	河池	35.73	钦州	31.85	来宾	27.61	钦州	30.26
14	钦州	27.02	百色	28.61	百色	31.78	百色	35.56	来宾	26.34	钦州	26.58	来宾	27.08

注：本表使用主观赋权法。

2005 年以来，贵港市制造业竞争力综合指数不断提高，与制造业强市差距在不断缩小。2005 年，贵港制造业竞争力综合指数仅为 34.16 分，位于第四阵营；2010 年，贵港制造业竞争力综合指数提高到 43.28 分，进入第三阵营；2015 年，贵港制造业竞争力综合指数提高到 53.99 分，进入第二阵营。2005 年，贵港与柳州的综合指数差距为 20.72，与南宁相差 15.88，与桂林相差 14.87。2015 年，贵港与排名第一的南宁的差距缩小至 11.61，与柳州差距缩小至 7.19，与桂林差距缩小至 3.32。

三、政策和成本因素是提升贵港制造业竞争力的关键

贵港制造业竞争力综合指数快速提升的关键是政策因素。如图 3-8 所示，2010 年和 2015 年贵港制造业的政策竞争力和成本竞争力明显高于广西壮族自治区平均水平。相对于广西平均水平来看，贵港在制造业竞争力提升方面具有明显的政策优势和成本优势。政策优势和成本优势是目前贵港提升制造业竞争力的主要得分项。可以说，政策优势是"贵港速度""贵港模式"的关键性驱动因素。今后，贵港要继续深化体制机制和政策创新，为提升制造业竞争力营造国内一流的政策环境，形成集聚制造业资源要素和产品技术的重要原动力。

四、结构因素和效益因素是制约贵港制造业竞争力的短板

制约贵港制造业竞争力提升的主要短板是结构因素和效益因素。如图 3-8 所示，2010 年和 2015 年贵港制造业的政策竞争力和成本竞争力明显低于广西壮族自治区平均水平。相对于广西平均水平来看，贵港在制造业竞争力提升方面具有明显的结构劣势和效益劣势。今后，贵港必须在加快结构转型、不断提高效益上做文章才能又好又快提升制造业竞争力。

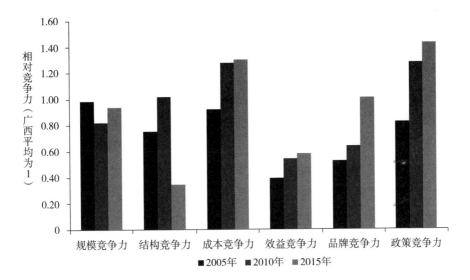

图 3-8　2005~2015 年贵港市制造业竞争力分项情况

资料来源：根据贵港、广西统计年鉴数据计算整理。

五、品牌创新是提升贵港制造业竞争力的重要着力点

近年来，贵港大力推进"质量强市"战略，取得了显著成效。如图 3-8 所示，2010 年和 2015 年贵港制造业的品牌竞争力尽管低于广西壮族自治区平均水平，但是提升速度相当快。着力塑造品牌，不断发挥品牌效应，是提升贵港制造业竞争力的一个重要方向。

当然，创新也是提升贵港制造业竞争力的重要因素。技术水平相对落后、人均利润低是广西各地市制造业企业面临的共性问题。今后，贵港要实现技术突破，提高质量效益，必须依靠创新引领，在引进消化吸收新技术的基础上，力争微创新、再创新，实现制造业的弯道超车。

第四章

贵港模式及其理论解释

提升制造业竞争力需要因时、因势而动，巧用时机、趁势而起。所谓抓住机遇、迎接挑战，就是分析有利因素，克服或者规避不利因素，更好地组织资源与要素，达到最好的发展效果。应该说，贵港市在提升制造业竞争力方面形成了一系列成功做法，表现为贵港速度，但贵港依然面临着进一步提升制造业竞争力的考验。

第一节　应改变民族地区等同于落后模式的标签化思维

"模式"一词的英文为 Model，通常用于说明标准形式（Pattern）、范式（Form）、典型（Example）等含义。"模式"一词在汉语中使用由来已久。早在1400多年前成书的《魏书》中，就有关于"模式"的文字记载，专意提及"两京模式"。宋代张邦基在《墨庄曼录》中曾有"闻先生之艺久矣，愿见笔法，以为模式"。而此处所言的模式，是把书信对象的墨迹作为学习范例和典型。

"模式"一词在改革开放以后大行其道。科尔奈的《短缺经济学》一书刻画了传统社会主义经济体制模式下的供求特征，改革成为实行社会主义制度的各个国家的共同选择并不奇怪。但关于传统社会主义经济体制向何处去，各国学者存在不同观点，不少国家改革取向也存在差异，既有双轨制、渐进式、增量化等改革模式，也有休克疗法等改革模式。在 1995 年的十四届五中全会上，中共中央关于"九五"计划的建议提出，要实现"九五"和 2010 年奋斗目标，关键是实现两个具有全局意义的根本性转变：计划经济体制向市场经济体制的转变，粗放型经济增长方式向集约型经济增长方式转变。"两个根本性转变"的提出，与经济学家的积极探索有关。不少权威媒体也认为这一论述的提出显示，中央接受了改革派经济学者提出的"双重模式转变"的改革思路。在整个国家体制改革与模式转变中，不少地方在结合本地资源禀赋，寻求更好的资源要素组合中，发现和创造了许多独具特色并加快地方发展的改革开放模式，比如温州模式、苏南模式、深圳模式等。这些模式被学术界总结与挖掘，作为各地改革开放的象征与对标对象。但是，这种整体改革模式推进与局部改革模式加快并存的图景，正是中国改革的常态模式：某些区域局部改革的加快——成为改革典型被总结提炼——改革经验被较大范围学习与推广——激发更大范围的改革动力。相对而言，局部改革的经验被总结推广，一般认为是前一阶段的改革取得巨大成功；整体改革在推进，一般认为是体制机制在定型中，未来潜力还有待挖掘。

相比较而言，少数民族地区在国家改革中的信息较少，局部改革成功的经验也屈指可数。笔者于 2019 年对在中国知网发表的民族地区模式关联的文献进行了搜索，结果显示，民族地区模式的文献数量高达 1249 条，而且从时间轴向看数量也在不断增加，反映民族地区发展引起日益广泛的关注。但是，在民族地区发展模式下检索的文献数量缩小到 600 条，可见民族地区模式下有大量关于风俗习惯等方面的研究；到民族经济模式更是下降到只有 119 篇。与此同时，民族经济落后、少数民族落后、民族地区落后都维持一定数量。民族地区成功文献虽维持一定数量，但是民族经济示范、民族地区经济成功模式所占的比重都很小。因而，在整体上看，在学术界观察中，民族经济整体上还是一个相对落后的发展形态，这与现实中的发展差距基本相符。但是，需要指出的是，可能在一些人心中存在着这样根深蒂固的观念：民族地区就是落后地区，而落后地区不能产生先进的发展模式（见表4-1）。

表4-1　关于民族地区发展的中国知网主题数量搜索（截至2019年6月18日）

主题词	显示文献数量（条）
民族地区模式	1249
民族地区发展模式	600
民族经济模式	119
民族经济落后	203
少数民族落后	50
民族地区落后	60
民族地区成功	63
民族经济示范	3
民族地区成功模式	2

资料来源：中国知网。

正因如此，我们注意到全国各地因改革开放做法不同，存在明显的"快发展"与"慢发展"的差距。贵港虽然位于不发达的民族地区，但是因为深化改革、扩大开放，创造了具有特色的贵港制造业快速发展和崛起的奇迹。对贵港模式的研究与总结也因此具有独特意义与价值。

第二节　后发城市实现赶超的贵港模式已经形成

贵港工业一直在全区发展的低位徘徊，甚至在2010~2014年有明显下降。以贵港工业增加值占全自治区工业增加值的比重看，2010年，贵港工业增加值占全自治区工业增加值的比重达到5.68%，到2014年，这一数值下降到 4.33%。工业增长乏力，影响到整个经济增长速度，"十二五"期间，贵港在广西壮族自治区的地位出现明显下滑（见表 4-2）。

表 4-2 从"九五"到"十二五"贵港与广西壮族自治区 GDP 增速对比

	贵港市	与广西壮族自治区比较
"九五"期间（1996~2000 年）	GDP 年均增长 4.9%	低于全区平均水平 3.5 个百分点
"十五"期间（2001~2005 年）	GDP 年均增长 11.9%	高于全区平均水平 1.1 个百分点
"十一五"期间（2006~2010 年）	GDP 年均增长 14.1%	高于全区平均水平 0.2 个百分点
"十二五"期间（2011~2015 年）	GDP 年均增长 7.4%	低于全区平均水平 2.7 个百分点

资料来源：李琦、廖细杏、李娟：《贵港经济新旧动能转换发展现状及建议》，中国贵港网，2017 年 3 月 23 日。

但这一趋势一经得到扭转，贵港工业增加值占自治区的比重就一直处于上升趋势。2015 年，贵港工业增加值占全区的比重上升到 4.49%。2016 年，贵港工业增加值占全区的比重上升到 4.62%。根据目前披露的数据，2017 年 1~12 月，贵港市规模以上工业企业增加值增速达到 12.2%，在全自治区 14 个城市中位列第 2（见图 4-1），同期整个自治区规模以上工业企业增加值增长 7.1%。其中，北部湾经济区 6 市规模以上工业企业增加值增长 10.1%，桂西资源富集区工业增加值增长 10.2%，西江经济带工业增加值增长 4.4%。贵港位于西江经济带范围，在整个西江经济带工业增长不大景气的情况下，贵港工业增加值增速位居西江经济带第一，值得予以充分肯定。可以预见，贵港市工业增加值占全自治区工业增加值的比重还将进一步上升。

新闻媒体对于贵港了不起的变化，给予不吝辞色的赞扬。2017 年，《人民日报》《经济日报》《光明日报》《农民日报》《广西日报》等，都对贵港的快速发展予以充分肯定。媒体的关注点主要集中于贵港一个个项目的快速投资上马，并将其谓为"贵港速度"。现象反映本质、速度显示能力。"贵港速度"成为新闻界使用频率越来越高的名词，成为贵港的新名

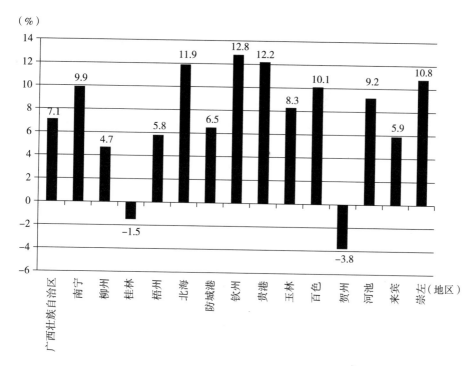

图 4-1 2017 年 1~12 月广西各市规模以上工业企业增加值增长速度

片，也成为贵港焕然一新的新标题。

（1）生产新能源汽车的华奥公司原在长春，但打算整体搬迁。贵港市委市政府闻讯后，积极接洽将其引入贵港。华奥汽车项目计划投资 50 亿元，计划年生产大客车 5000 辆，轻型客车 1.5 万辆，电动轿跑车 5 万辆及 SUV 吉普车 30 万辆。按照同类项目的建设速度，通常会在两年时间建成投产。在贵港，2016 年 3 月项目签约，其后的 9 个月完成了征地拆迁、厂房建设、地下管线布设与道路建设等工作，2016 年底前，华奥汽车整车下线，实现了当年建设当年投产。

（2）赛尔康公司生产用于手机和其他电子设备的充电器，主要客户包括各大品牌手机和平板电脑制造商。2016 年 5 月，赛尔康公司与贵港市人民政府签订投资合作协议，决定在贵港市兴建新厂区。项目达产后，年产值约 40 亿元人民币，税收约 8000 万元人民币，可提供 5000 个就业岗位，并在几年内带动 10 家亿元以上的上下游企业进驻贵港。结果，比预期提前了 1 个月，芬兰赛尔康（贵港）工业园项目就实现了主体封顶。

（3）贝丰国际（贵港）科技产业园项目 2016 年 9 月签约，10 月底进场开工，2017 年 1 月 12 日正式投产。在开始立项时，项目规划书、项目建设等方面工作已经同时在推进。"三边并排走"，让贝丰国际（贵港）科技产业园项目赢得先机，原本从审批到开工需要一年的时间，实际上至少节省半年时间。

（4）山东久久星新能源四轮智能轿车项目从签约到第一辆车下线，仅用了一个多月的时间。

（5）力海科技公司 2017 年 6 月 27 日签约入驻，8 月 15 日实现试产，用时不到两个月。

（6）上马电动车科技公司从入驻到正式投产，仅花了一个月时间。

华奥新能源公司的有关负责人赞叹贵港工作效率，"创造了项目建设的'贵港速度'，这个速度在国内也是一流的"。

赛尔康公司的有关负责人也指出，"我们企业确实被贵港的建设速度震惊了，甚至比深圳的建设速度更快，这令我们非常振奋，增强了我们把企业从深圳整体搬迁到贵港的信心"。

根据权威媒体披露的信息，2017 年，贵港延续了一系列令人惊讶的明显变化。除了规模以上工业企业增加值增长 12.2%、增速排名全自治区第二位外，根据农融市长在《政府工作报告》中提供的信息，2017 年贵港市地区生产总值达 1082.18 亿元，同比增长 9%，高于自治区地区生产总值 7.3% 的增长速度，也高于全国的生产总值 6.9% 的增长速度，这一增速在全自治区 14 个城市中排名第三位；新增自治区战略性新兴产业企业 12 家，排名全区第二位；固定资产投资增长 16.9%，增速排名全区第一位；财政收入增长 12.7%，增速排名全区第二位；完成科技成果转化项目 18 项，任务完成率排名全区第一位；企业对贵港投资环境满意度位居全区第一。

值得强调的是，贵港增长的一个重要特征就是投资拉动。根据"中国贵港网"李琦、李娟撰写的相关文章，2017 年，贵港市完成亿元以上项目 154 个，比上年增加 133 个，完成投资 187 亿元，同比增长 4.82 倍，拉动全市固定资产投资增长 18.4 个百分点。工业投资 438.6 亿元，占总投资额的 44.6%，增长 11.6%，为"工业兴市、工业强市"战略实施提供有力支撑。

2017 年底的贵港市经济工作会议指出，贵港经济呈现向好、向快的发展态势，产业结构不断优化、经济效益持续提升、发展动力进一步增强、人民生活水平明显改善、生态环境质量加快好转，多项工作成绩排名全区前列。

与前期较长一段时期段贵港在广西壮族自治区 14 个城市地位滞后、增速靠后、结构落后的状态相比，2015 年以来，贵港快速走出"U"形曲线的底沟，正在奋力加速向上攀爬。其典型特征是：增速改变地位、增速改变落后、增速改变结构。从 2015~2017 年贵港、广西、全国的增长变化数据可见（见表4-3），这 3 年中全国的增长速度变化不大，广西的增长速度有所下滑，贵港的增长速度逆势上行。因而，贵港具有典型个性特征的趋势性反转，不仅与贵港以往自身的变化轨迹相比发生了根本性改变，与全国和广西壮族自治区的经济走势完全不同，是全国"新常态"背景下的"非常态"。

表4-3　2015~2017 年贵港、广西、全国部分指标增长情况　　单位:%

年份	项目	贵港	广西	全国
2015	国内生产总值	7.5	8.1	6.9
	工业增加值	7	7.7	5.9
	固定资产投资	27.3	17.2	9.8
	其中：工业投资	37.2	14.1	接近8
2016	国内生产总值	7.9	7.3	6.7
	工业增加值	8.4	7.3	6.0
	固定资产投资	22	12.4	7.9
	其中：工业投资	8.6	低于1	3.3左右

续表

年份	项目	贵港	广西	全国
2017	国内生产总值	9	7.3	6.9
	工业增加值	11 左右	6.8	6.6（规模以上数）
	固定资产投资	16.9	12.8	7.2
	其中：工业投资	11.6	—	4 左右

资料来源：主要来自各类统计公报或者网站数据，2017 年数据来自各类新闻通报会与政府工作报告。

这种互对照、互不同的突出变化，赋予了贵港"特立独行"的新气质。我们认为，贵港模式已经形成。"贵港速度"只是"贵港模式"的外在写照，"贵港模式"是"贵港速度"的真实面貌。贵港的巨大变化表明，贵港市近年来在工业发展方面的思路是正确的，措施是扎实的，成效是显著的。中共十九大报告提出，要推动经济发展质量变革、效率变革、动力变革。贵港模式表明，贵港市委、市政府在推动制造业发展上先行一步，在提升贵港制造业竞争力中很好地顺应了三大变革的基本要求，开辟了符合中央要求、体现时代变革、满足百姓期待的贵港新局，闯出了西部地区后进变先进的工业兴市、工业强市道路。

第三节　贵港模式是落实"四个下功夫"的典型体现

以习近平总书记为核心的党中央以全球视野和战略眼光，立足治国理政全局，提出实施制造强国战略。《中国制造2025》体现了党中央、国务院建设制造强国的坚定意志。习近平总书记多次强调指出，"必须始终高度重视发展壮大实体经济，抓实体经济一定要抓好制造业"。2017 年 4 月，习近平总书记在广西考察调研期间，特别明确地提出："一个国家一定要有正确的战略选择，我国是个大国，必须发展实体经济，不断推进工业现代化、提高制造业水平，不能脱实向虚。"因而，"三大定位、四个下功夫、五个扎实"虽然没有明确点到制造业，但众所周知，做大做强制造业是实现"三大定位、四个下功夫、五个扎实"的保障，是满足以上工作要求的重要基石。

中共十八大以后，中共广西壮族自治区党委和人民政府把贯彻党中央的大政方针，作为推进自治区经济社会全面发展的根本遵循，提出"两个建成"的重大战略目标，也就是说"实现与全国同步全面建成小康社会，基本建成西南中南地区开放发展新的战略支点"。在如何实现"两个建成"目标上，广西壮族自治区一直强调发展和壮大制造业。广西壮族自治区原党委书记彭清华曾指出："实现与全国同步全面建成小康社会，工业必须'挑大梁'；打造广西经济升级版，新型工业化是'主战场'。"自治区主席陈武也指出："工业强则广西强，工业兴则人民富"，"加快形成具有较强竞争力的工业体系，才有可能形成新的战略支点"。

应该说，贵港市委、市政府在推动"工业兴市、工业强市"努力中，牢固树立"四个意识"，站在建设制造强国和工业兴桂的基层一线，敢闯敢试，做到守土有责、守土尽责、积极作为、造福一方，把贵港变成实施"两个建成"重要阵地。

从打基础、谋发展、寻突破角度看，贵港市委、市政府班子立足于强市富民和改变贵港在全自治区地位的急迫感，高度重视、反复谋划以工业发展带动实体经济发展的思路。市委书记李新元一再强调，"我们将把着力点和突破口放在培育实体经济、完善产业体系上"。围绕着振兴实体经济，市委提出了"13446"的重要战略决策，把其作为贯穿市委、市政府各项工作的总部署。所谓"1"是指"建设西江流域核心港口和新兴工业城市"；"3"指"工业兴市、工业强市；东进融合、开放带动；改革引领、创新驱动"；第一个"4"是指"坚决打赢贵港经济翻身仗、城市提升主动仗、脱贫摘帽攻坚仗、作风建设持久仗"四场战役；第二个"4"是指打造"更具实力、充满活力、富有魅力、更加给力"的"四力"贵港；所谓"6"是指实现六大目标："工业大发展、项目大兑现、服务大提速、城市大变化、县域经济大突破、脱贫攻坚大成就。"贵港市委、市政府一再强调，"13446"工作思路的核心是工业兴市、工业强市。李新元书记曾经多次指出："当前和今后一个时期，工业是贵港经济加快发展的强大引擎，只有毕其功于一役，全力以赴抓工业，才能大幅度提升工业化水平，实现经济发展新跨越。""贵港要实现赶超跨越，关键在工业，希望和出路也在工业，必须把工业作为贵港发展最重要、最有力的支撑。要突出以工业为主导，着力推动产业结构调整和发展方式转变，进一步加大招商引资和项目建设力度，确保打赢贵港经济翻身仗。""必须把工业摆在国民经济发展的核心主导地位，牢固树立'工业兴市，工业强市'理念，做到领导力量向工业倾斜，主要精力向项目倾斜，工作重心向工业企业倾斜，优厚待遇向工业人才倾斜，全面振兴工业经济。"农融市长也一再指出要"加快结构调整，增强产业竞争力""做大做强工业经济"、2018年"要实施'工业提质增效年''工业服务品牌年'活动"。

贵港市委、市政府在实践中创立的"贵港模式"，更多地体现在政策执行力上，在政策动员、资源动员、提供服务等方面大胆作为，积极探索，很好地践行了习近平总书记提出的"四个下功夫"的基本要求。

第一，"在推动产业优化升级上下功夫"毫不懈怠。近年来，贵港市确立了经济工作的重点是抓工业，抓工业的重点是抓战略性新兴产业的思路。仅仅2017年1年，贵港市三次产业结构由2016年的19.8∶41∶39.2优化为17.9∶43∶39.1，第二产业占比提高2个百分点。2016年前，贵港的工业主要由建材、冶金、制糖、板材、电力"老五样"传统产业组成，这"五大"传统产业占全市规模以上工业企业总产值的48.5%。根据有关部门统计，2017年1~11月，新能源汽车及电动车、电子信息和生物制药三大新兴产业共实现工业增加值11.96亿元，同比增长54.8%，对规模以上工业企业增加值增长的贡献率为12.3%。而2017年全年，新兴产业加速成长，产值增长 145%，增加值同比增长 61.4%，拉动规模以上工业企业增加值增长 1.6 个百分点。初步构建了广西第二汽车生产基地、中国—东盟新能源电动车生产基地、电子信息制造基地和生物医药生产基地的框架。与此同时，贵港市十分重视传统工业的技术改造。2016 年，全市技术改造投入 352.5 亿元，比 2015 年增加近 70 亿元，同比增长 24.7%。纺织服装与皮革、农林产品加工、林板纸、机械制造等产业产值超 100 亿元，建材业产值突破 200 亿元。

第二，"在转变发展方式上下功夫"毫不动摇。贵港缺乏研究型科研院所，劳动力整体素质不高，平地起高楼靠自己发展高新技术产业具有一定难度。同时，经济底子薄，大企业的自有资金不足，要靠本地投入资本技术发展建设现代工业体系有一定难度。因而，市委、市政府充分认识到，招商引资是实现贵港工业跨越式发展的必要手段，也是转变贵港工业发展方式的重要路径。正如李新元书记所说："投资和项目建设是转型发展的'支撑点'。"为此，贵港市开展了一系列"大招商、招大商"活动，大力实施招商引资"主官工程"，出台"1+6"方案（出台了一个招商工作意见和 6 个配套文件），建立"8084"工作机制（分解落实 80 个党政部门、8 个专业招商小分队、4 个长期驻点招商工作站的招商引资任务和责任），并通过采取以"政"招商、以"诚"招商、以"快"招商、以"好"招商、以"商"招商等超常规措施，吸引了一波又一波外来投资。尤其是市委书记、市长带头外出招商引资，形成带动效应，也密切了贵港与其他城市政府和客商之间的经济联系。根据贵港政府工作报告，2017年，贵港招商引资新签约项目 315 个、合同投资额 819.8 亿元，其中亿元以上项目 208 个。

转变工业发展方式还包括重视招商引资的科学决策，更加重视计算投入产出总效率。在贵港招商引资过程中，项目厂房采用政府建设、企业租赁的模式，这种投入的低租金模式减少了企业的起始投资成本，深受企业欢迎，同时并不降低社会总收益。以赛尔康项目为例，建设厂房等基础设施政府投资 2 亿元，企业租金每年约 1000 万元。如果计算政府财政的投入账，20 年才能收回成本。但赛尔康投产后能吸纳 5000 多人就业，每年贡献 8000 多万元税收，并带动 10 余家配套企业进来，集聚效益、联动效益、波及效益十分明显，投入产出总效率很高。可见，政府的前期投入是有良好回报的。与此形成对照的是，通过推进"营改增"、阶段性降低社会保险费率、降低融资成本、降低电力价格等降成本政策措施落实，帮助实体企业降本增效，2016 年共为全市企业减轻负担约 6.1 亿元。

转变发展方式要求重视提高产品质量、工程质量、服务质量。2017年，贵港市新增自治区级以上质量品牌 134 个。广西水泥及建材产品质量检验中心、广西新能源电动车产品质量检验中心建设加快进行。

转变发展方式要求积极改善投资硬环境与软环境。近年来，政府加大力度改善基础设施，并且重视推动物流业发展，为制造业的发展和繁荣创造条件。在软环境建设上，实行简化政府审批手续：推进项目"招商专员"制全程服务，各类证照由"招商专员"一条龙办理。同时，也在重大项目集中预审、项目网上并联审批平台等措施加快了行政审批进度。

第三，"在提高创新能力上下功夫"毫不含糊。为进一步推动产业转型升级，贵港市更加重视实施创新驱动发展战略。2017 年，贵港市新增国家高新技术企业 12 家，全市高新技术企业拥有量达 26 家，较 2015 年实现高新技术企业数量倍增，成为全区 5 个实现高企培育倍增目标的设区市之一。并新建院士工作站 2 个、新增自治区级创新平台 5 个、建成科技企业孵化器 9 家、累计培育孵化企业 155 家。共完成科技成果转化项目 18 项，任务完成率排名全区第 1。贵港市人民医院"医学 3D 打印技术在骨科修复重建的应用"这一科技成果，获广西科技进步二等奖，泰亿诺公司获中国创新创业大赛"优秀企业"奖。

2017 年底，《贵港市深入贯彻创新驱动发展战略决定的实施意见》出台，明确提出要"以科技创新为核心带动全面创新，形成支撑创新驱动发展的动力源"，明确了工作要求、主要任务、工作部署、部门职责。尤其是该文件强调了五个"大力"的政策走向,"大力推进科技管理体制机制改革、大力促进科技成果转化、大力促进发明创造、大力培育高新技术企业、大力促进产学研协同创新"。上述政策的实施,将极大地激发全社会的创新热情,进一步推动贵港的创新发展。

第四,"在深化改革开放上下功夫"毫不迟疑。应该说,"贵港模式"之所以成立,贵港之所以发生翻天覆地的变化,根本原因在于深化改革开放。近年来,贵港市出台了许多重大改革政策,以全面深化改革推动工业化进程。

市委、市政府强调各级领导在改革中的作用与角色。并明确提出各级领导要争当解放思想的引领者,关键少数至关重要,上面关键少数解放了,下面基层干部才能更好地解放思想,更好地调动全市干部的积极性,推动全市经济社会的发展。为此,贵港市出台了鼓励改革创新建立容错纠错机制暂行办法,鼓励各级政府在改革创新方面大胆探索。在 2017 年一次全面深化改革领导小组会议上,市委书记李新元强调,当前各地招商竞争日趋激烈,贵港市要保持投资和项目建设的高位增长,必须靠改革来注入新动力。"要做到这一点,首先,领导干部要肩负起改革的主体责任,敢于担当,攻坚克难,切实担负起改革的领导责任、组织责任、发展责任,当好改革的'操盘手',看到问题的症结,找到改革的突破口,抓住改革的关键环节,以点带面推动全局。其次,专项小组要切实负起专项改革责任,在市委全面深化改革领导小组的领导下,独立自主开展工作,确保各项改革工作按期完成。再次,各部门要担起改革主力军的责任,按照市委、市政府的部署,认真梳理本部门、本单位的改革事项,推动本部门各事项深化改革。最后,各部门之间要加强协调联动,提高改革的协同性,创造全社会支持和参与改革的社会氛围,寻求改革利益'最大公约数'"。

以招商引资新规则的制定与实施,促进工业发展新局形成。为更好发挥规则引导经济发展的作用,近年来贵港市出台了《贵港市委托招商奖励办法》《贵港市招商引资小分队工作方案》《贵港市驻点招商方案》《贵港市招商引资考评办法》《关于加快新能源电动车产业发展的若干意见（试行）》《低速电动车生产管理暂行办法》《低速电动车登记暂行规定》《贵港市本级承接产业转移扶持资金管理暂行办法》《贵港市标准厂房优惠政策实施细则》《贵港市关于深化投融资体制改革的实施方案》《贵港市关于完善产权保护制度依法保护产权的实施意见》《贵港市高层次人才认定和待遇落实实施细则（试行）》等政策文件，强化了政府政策作用，在明确政府工作人员职责和提高政策服务透明度方面，都有了可以遵循的依据。

积极推进"放管服"制度改革，减少环节、降低成本。2013 年以来，市、县两级共承接行政审批事项 451 项、取消 1531 项、调整 1676 项。仅 2017 年，清理取消行政许可事项 54 项、调整 259 项，提前实现政府部门权力清单和责任清单"两单融合"，率先在全区设立行政审批中介超市。尤其是，政府部门权力清单和责任清单的推出和融合，有效解决政府部门履职中存在的越位、缺位、错位问题，避免政府部门不作为、懒政、怠政问题。通过开展行政审批事项清理，实现审批项目目录动态化管理，减少政府对微观经济运行、对企业生产经营活动过多、过细和直接干预。《人民日报》曾经对贵港市的"放管服"改革给予了大篇幅的报道。

重视深化商事制度改革。商事制度改革社会满意度、创业"便利度"排名全区第一，成为全国第三个、广西首个实施"口头申报、即可办照"简易登记模式的城市。为了向企业和城乡居民提供满意服务，贵港市开展并联审批和帮办服务，对工商等 13 个部门涉及的重大项目审批实行"容缺受理"，在主要审批条件齐全，次要审批条件暂时欠缺的情况下先行受理，待项目业主补办需要材料后，即可完成各阶段的审批。实行预约服务，群众可以通过现场预约、电话预约和网上预约等方式申请预约服务。开展"市长服务企业接待日""企业服务量化年"活动，主动帮助企业解难题、破瓶颈、促发展。通过"整合流程、一门受理、协同审批、信息共享、限时办结"等改革方式，基本实现项目并联审批流程再造工作目标，进一步提升审批效率，并联审批从以往串联审批需要 400 天以上缩短到 92

个工作日以内。建立广西首家行政审批"中介超市"。2017年11月23日上午，贵港市行政审批"中介超市"在交易中心正式揭牌运营。

重视各类改革政策的执行力。市委、市政府提出"四个四"：在计划环节目标明确、措施明确、阶段性目标明确、责任人明确"四个明确"，与各项工作的责任部门、责任单位和责任人在目标、措施、阶段性目标、责任人等方面工作形成"四个共识"。按照"四个共识"布置工作、按照"四个共识"推进工作、督查工作、奖惩，切实做到"及时主动发现问题、及时主动解决问题、及时主动协调问题、及时主动报告问题"的"四个及时主动"。

与此同时，贵港市还积极推动对外开放，加强与"一带一路"沿线国家的经贸合作。根据2018年《政府工作报告》，2017年贵港市进出口总额23.88亿元，增长26.6%。实际利用外资3405万美元，增长17%；贵港电子口岸和贵港口岸联检大楼投入使用，CEPA项目"绿色通道"开通。除此以外，贵港市还与泰国洛坤府建立了国际友好城市关系。

2016年，贵港市在全区全面深化改革工作社会满意度第三方评估中排名第一，是全区唯一获得满分的地市。改革创新争优绩效加分在14个地市中排名第二。根据广西投资环境监测调查数据对比结果，贵港市2017年总体投资环境满意度达到83.25%，比2016年提高1.62个百分点，比广西同期平均水平的81.38%高1.87个百分点，在广西14个地级市中排名第一。

事实证明，贵港市委、市政府团结一心发展工业的思路是正确的，广西出现"贵港速度"绝非偶然。"贵港速度"是贵港市委、市政府把贯彻落实中央和自治区重大决策部署与贵港发展实际相结合的产物，体现了贵港市委、市政府在解放思想基础上的改革举措、科学决策与主动作为。

从发展趋势上看，贵港市经济呈现向好、向快的发展态势，产业结构不断优化、经济效益持续提升、发展动力进一步增强、人民生活水平明显改善、生态环境质量加快好转，多项工作成绩排名全区前列，就是把"四个下功夫"落实到提高贵港经济社会发展水平上。应该说，"贵港速度"

是贵港市党政领导把产业转移与贵港实际相结合的产物，体现了中国制造在贵港的新实践，体现了贵港社会各界促进贵港制造不断壮大的雄心。贵港模式是中西部利用国家产业转移政策，促进制造业做大做强的一个典型范例。

第四节　贵港模式的理论解释：破除路径依赖与推进外围中心化

许多学者在研究类似贵港的发展模式时，会联想到用产业转移的理论加以解释。其原因有二，一是贵港的新增长成分中来自产业转移的部分起到重要作用；二是贵港是国家政策确定的产业转移示范区。这两重因素决定了采用产业转移理论解释贵港模式有一定的合理性。在产业转移的理论研究中，小岛清（1978）提出边际产业转移理论，指出在国际贸易中应该将处于或即将处于生产边际劣势的产业以对外直接投资等形式转移出去，美国经济学家弗农在《产品周期中的国际投资与国际贸易》一文中提出了著名的产品生命周期理论。所谓"产品生命周期"，就是说每一种产品都有自己产生、发展、成熟和衰亡的过程。发达国家的产品一旦进入成熟期，就可以转移到成本更低的发展中国家去。

但是，这一理论的出发点是从转移方观察的，考虑的是转移方的利益，缺乏对接受转移方的分析。近年来，观察后进地区如何取得突破由"中心外围理论"（Core and Periphery Theory）的研究进展加以说明。中心外围理论由发展经济学家辛格和普雷维什等于"二战"后创立的，其出发点就是对当时经济发展中的南北分工不满。1949 年 5 月，普雷维什向联合国拉丁美洲和加勒比经济委员会（简称拉美经委会）递交了一份题为《拉丁美洲的经济发展及其主要问题》的报告，在该报告中，普雷维什指出：

"在拉丁美洲，现实正在削弱陈旧的国际分工格局，这种格局在 19 世纪获得了很大的重要性，而且作为一种理论概念，直到最近仍继续发挥着相当大的影响。在这种格局下，拉丁美洲这个世界经济体系外围部分的专门任务是为大的工业中心生产粮食和原材料。""中心外围理论"在 20 世纪末被研究新经济地理学的学者，如诺贝尔经济学奖获得者克鲁格曼等重新发掘，用来解释区域经济范围的不平衡发展现象。克鲁格曼等论述道：在初始条件相同的情况下，由于制造业与农业在规模报酬递增等方面的差别，会带来价格、收入等方面的差距扩大，一些地区出现向心力，带来资源与要素的不断集中，而一些地区出现离心力，资源与要素出现净流出，这样会造成循环累积因果效应，即马太效应，中心与外围之间的差距将会越来越大。中心外围关系区域化表现，很多时候被用于说明一个大区域范围内富区与穷邻之间越来越大的差距（Increasing Inequalities Between Rich and Poor Neighbourhoods）。环顾现实，即便是中国发达的京津两市，周边也有经济落后的环京津贫困带。广东是中国经济最发达的省份之一，但粤西和粤北依然有一定数量的贫困地区，广东省脱贫于 2018 年底实现。

许多学者重视中心外围理论的延伸性解释。Hidalgo 使用产品技术关联，把中心外围理论用于产品空间分析，发现产品空间同样存在中心外围结构，处在中心区的国家容易实现经济结构的升级与转型；而处在外围的国家产业基础薄弱、创新能力有限，难以摆脱原有的发展模式与路径。因此，学者们把外围地区实现赶超分为两种类型：一种是路径依赖（Path Dependence）：就是在已有产业与发展路径上，通过累积新知识，引进新技术，促使产业发展与产业更新；另一种是路径突破（Path Breaking），就是要打破路径依赖，加强与外界的经济联系，提升本地的创新能力，都可以突破已有的产业基础，把通过变革实现从外围传统路径转向新路径带来的巨大飞跃，称为"蛙跳"效应。

在中国，最常见到的是单个企业家对中心外围关系的打破，形成一定的"蛙跳"效应。在现实中，通常不乏这样的例证：某个村民通过在发达地区打工，学到了独门绝技，回乡后进行创业，把所学技术与当地资源结合，开拓出了新的产品市场，带动了就业，生意越做越好。左邻右舍闻之，不惜屈尊向当年上不了大学被人瞧不起而出去打工的"狗蛋"请教或者在其手下打工，从而形成技艺的传播、专门化生产、生产与流通的分工。演变的结果就是形成具有一定竞争力的特色产业村镇。一个小的区域爆发点由此产生，但其起始端，就是能人经济。

贵港模式的特色在于突破中心外围分工的程式，通过贵港人自身的努力，实现外围发展向中心发展的"蛙跳"，或者说，中心模式"定向"向外围的跳跃。著名经济学家熊彼特曾经在提出自己的创新理论中指出了创新的五个方面：采用新产品、利用新方法、开辟新市场、获得新来源、形成新组织。笔者在研究贵港的发展经验后，认为贵港模式也带有典型的"五新"特征：形成新链接、建立新产业、推出新举措、培育新环境、履行新责任。

第一，形成新链接。主动连接"中心"区域，并在贵港这个外围区植入"中心"因素。世界制造的中心区域在中国，中国制造的中心区域在沿海。在贵港的快速发展中，招商引资发挥重要作用。招商引资，把贵港与沿海的京津冀、长三角、珠三角联系在一起，使得贵港能够感受到沿海中心区域的发展进步，并把沿海"中心"区域的先进要素与资源注入贵港，建立起贵港中心区，从而开始与全球产业链的紧密联系。

第二，建立新产业。贵港的新能源汽车、电子信息产业等新兴产业，基本都是从外部移植过来的，与贵港的原有产业没有关系，但是在贵港生存、发展得也很好。"树挪死、人挪活"，从沿海到贵港的产业也照样挪活。新产业代表了国家战略性新兴产业发展方向，也通过增量资本与技术的移入，提升了贵港制造业的资本与技术含量，活跃了贵港的制造业。

第三，推出新举措。贵港的重大变化源自于贵港的改革开放。资本的流动性和逐利性决定了资本会寻求最有利于其增值和成长的环境。而培育这样的环境，需要深化改革扩大开放。贵港出台了一系列整体推进改革开放的重大举措，调动了政府、部门、企业、个人的积极性，许多企业之所以能够舍弃沿海移植到贵港，是因为贵港的服务模式、办事效率和政策举措对企业有巨大的吸引力。

第四，培育新环境。形成各类中心区资本与技术要素落户贵港的环境与基础。从几年前的营商环境到现有的营商环境，贵港市发生了令人交口赞叹的巨大变化。企业从选择发达地区到不发达的贵港，是对贵港的投资营商环境投赞成票。这种服务先行以服务效率争取客户的努力，使得来自"中心"的企业家感受到投资会有可以预期的收益前景。营商环境的改善，也让贵港本地的企业受益。

第五，履行新责任。政通方能人和。以市委书记李新元、市长农融为代表的领导班子，敢于破除传统思想约束，积极开拓进取，带来全市的一系列有利于投资创业环境的变化。书记、市长不仅抓政策制定与实施，还亲自领头去一线招商，把贵港介绍给各地客户。由于领导人具有改革开放的思维，在推进各项事务中能够以上率下，使得贵港各级政府官员思维方式、工作态度、政策制定、政策执行力等都发生了前所未有的变化。贵港执政绩效的提升，只是一系列重大改革开放举措和政策实施的必然结果。中国改革开放的"总设计师"邓小平曾经说过，"我们说的社会主义是具有中国特色的社会主义，而要建设社会主义，没有共产党的领导是不可能的。我们的历史已经证明了这一点""为了坚持党的领导，必须努力改善党的领导"。贵港发展经验，再一次清楚地证明了坚持和改善党的领导，对推进贵港改革开放和提升制造业竞争力的重要性。

投资环境的相关数据从某个侧面反映出贵港在改革创新方面的"五新"成效，也真实反映了贵港对来自沿海"中心"区域客商的吸引力。调查数据显示，2017年，贵港市投资硬环境满意度为83.21%，比广西同期平均水平高1.63%；投资软环境满意度为83.27%，比广西同期平均水平高1.98%。在自然资源环境类别中，贵港市土地资源价格合理程度为

80. 19%，比 2016 年提高 2. 32%。在基础设施环境类别中，贵港市城市规划及配套设施与企业发展的适合程度为 82. 13%，未来发展及建设规划与企业发展的适合程度为 84. 07%，污水及废弃物处理完善程度为 79. 54%，物流仓储、流通相关商业设施完备程度为 84. 52%，分别比 2016 年提高 0. 71%、1. 2%、0. 99%、2. 05%。

党的十八届三中全会指出，要发挥市场在资源配置中的决定性作用和更好发挥政府作用。资本从发达地区流向不发达地区是市场选择的结果，符合市场在资源配置中的决定性规律。按照中心外围理论，在市场经济条件下，资本、技术等要素在很多情况下是由外围向中心流动的。企业进行工厂设置和区位选择是计算效率的。企业家们选择贵港，显然是在贵港的投资可以取得更有价值的收获，这符合市场规律。更好地发挥政府作用，是保护市场、维护健全竞争秩序，同时提升市场效率的重要举措。在现实市场中，不仅存在着投资者对区位的选择，也存在国内外各类后发地区对资本的争夺。从国家宏观经济发展全局看，既然资本具有稀缺性，流向贵港总比流动到东南亚好。由于资本的稀缺性，等待发展区域的众多性，等待资本自动流入，对于贵港实现跨越式发展可能是一件遥遥无期的事情。要打破发展不平衡、不充分的格局，政府的作用十分重要。

发挥政府的作用，强化政府对企业投资的承接、服务能力，可以促进市场作用的有效发挥。而政府与政府之间对资本的争夺，也是市场竞争效率的体现。因此，贵港的成功，是贵港的政府政策、贵港的投资环境、贵港的办事效率有竞争力的综合体现，不能简单地以"就是招商引资模式"或者"只是分蛋糕"加以评判。

因而，应该把贵港的成功与整个政府与市场的演进方向联系在一起。贵港就是发挥市场在资源配置中的决定性作用和更好发挥政府作用并把两种作用在发挥中很好结合的典型代表。

第五节　贵港模式的示范意义

中共十八大以后，以习近平总书记为核心的党中央高度重视深化改革扩大开放，中央全面深化改革领导小组讨论与出台了一系列事关全局的重大改革政策，得到社会强烈反响。在改革开放四十年后建国七十周年的当下，回望这段历程格外宝贵，也难以忘怀。习近平总书记曾经深刻地指出："改革开放在认识和实践上的每一次突破和发展，无不来自人民群众的实践和智慧。要鼓励地方、基层、群众解放思想、积极探索，鼓励不同区域进行差别化试点，善于从群众关注的焦点、百姓生活的难点中寻找改革切入点，推动顶层设计和基层探索良性互动、有机结合。"

2018 年 4 月 28 日，《国务院办公厅关于对 2017 年落实有关重大政策措施真抓实干成效明显地方予以督查激励的通报》（国办发〔2018〕28号）正式颁布，引起社会高度关注。这一文件总结了 2017 年各地落实党中央、国务院重大政策决策的状况，在督察的基础上，取得明显成效的 25个省（区、市）、82 个市（地、州、盟）、116 个县（市、区、旗）等予以激励，树立了学先进、赶先进的榜样。

不过，即使那些没有列入国家奖励的城市或者区域，也有很好贯彻国家各类政策和"主动作为、竞相发展"的成功范例。比如，产业转移是国家促进跨地区经济发展，解决区域不平衡不协调的重要手段，国务院以往也出台了若干鼓励性政策。但在实际政策执行过程中，各地差距较大。客观地说，贵港市在推动招商引资、促进产业转移、实现贵港经济转型升级方面做了大量的工作，尽管《人民日报》《光明日报》《经济日报》都曾经予以报道，笔者还是觉得，仅仅新闻报道不能完全反映贵港的经验与典型做法，需要学术界加以深入研究与总结。

在广西贵港市进行了调研后，我们深感贵港在招商引资方面确实有一些值得称道的好做法、好经验，符合党中央、国务院关于鼓励地方解放思想、积极探索和勇于试点的要求，值得予以充分肯定。在推动新一轮西部大开发和促进民族地区发展中，应注意发现贵港这样的典型模式与典型经验。

第一，贵港是政府主动作为、积极作为的典范。贵港的成功更多地与自身努力有关，是行重于言的典范。贵港本身是传统的农业区，优质资源并不多，但后发地区实行追赶战略，采取工业化的模式应该可行。这在许多地方得到论证，贵港的做法不是坐而论道，而是政府有所作为。推动新型工业化，需要政府之手持续发力，体现政府责任与政府担当。贵港政府的做法，值得其他地方借鉴。

第二，贵港是持之以恒坚持正确发展战略与思路的典范。广西民族众多，人杰地灵，但是在历史上多次发生发展路线之争，最终往往议而不决，正确的发展战略得不到实施。比如，在广西究竟怎么发展、发展什么、如何发展的问题上，1933～1934年，广西就曾发生曾宪章、黄国荣、梁建民、吕汉之等之间的大论战，两派观点一方强调注重工商发展保护农业；另一派强调以发展农业促进工商，但又明确反对注重工商以保护农业的观点。其中，持前一派观点的吕汉之甚至明确提出："唯有注重于工商业的发展，才是广西经济的出路。"吕汉之甚至专门列举了十余个工业部门，希望动用各类资源加以发展。具体包括，制糖工业、制纸工业、榨油工业、罐头工业、面粉工业、纺织工业、酒精工业、制革工业、纸烟工业、瓷器工业、砖瓦工业、水泥工业、机械工业、采矿工业。应该说，在20世纪30年代，吕汉之能够提出上述观点难等可贵，也十分正确。可惜的是，吕汉之的观点没有得到当政者应有重视，以至于后来广西的工业发展基础薄弱。但贵港模式提供了一个反例。这表明，只要政策应用正确，做法合理，能够有效集聚资源，西部民族地区完全可以后来者居上，取得超常规的区域发展成效。

第三，贵港是把自身资源优势、外部资本优势与中央政策优势结合起来重构发展基础的典范。在生产要素可以自由流动的背景下，区域的比较优势是动态变化的，因而区域制造业竞争力的比较，取决于动态比较优势的对比。只能动用自身资源与要素的区域，就不易于那些既能运用本地资源又能利用外地资本的区域；只能运用市场资源与要素的区域，就不如既能发挥市场优势与政策优势的区域。而贵港制造业竞争模式的成功之处，在于贵港是把本地资源优势、外地资本优势与中央政策优势良好结合的产物，这一点尤其值得充分肯定。

第四，贵港是形成上下一致政策执行合力的典范。贵港市十分注重建设服务型政府，一旦决策明确下来，就上下一致形成政策执行力。在 2019 年 1 月的经济工作会议上，贵港市委、市政府强调，要发挥"关键少数"的引领作用，"厅级领导带头、处级领导跟上、全部干部发力"，积极为企业提供保姆式服务，不断擦亮贵港"好服务"金字招牌。与此同时，全市已经形成强化问责的机制。激励与约束下的政策导向作用，对形成干部的良好工作作风与正确服务观念，起到很好促进作用。在 2019 年的经济工作会议上，贵港市委、市政府再次提出，"继续大力弘扬市委提出的'敢干、实干、苦干、善干'精神，坚持实字当头、干字为先，直面问题、说到做到，以钉钉子精神抓好落实"。

第五，贵港是在小区域范围营造良好投资环境的典范。其投资跟着环境走，资金的聚与散，与资本持有者对盈利的判断有很大关系。市场每天都发生广泛的投资行为，但是投资者往往冲着好的投资环境而来，背离坏的投资环境而去。"关门打狗""竭泽而渔式"的诱导投资者、刻薄地对待投资者，难以收获长期投资，也得不到好的社会评价。在 2019 年的工作开展中，贵港市继续提出，"规范清理收费项目，有效降低企业成本，推动环境持续优化"。

第六，贵港是在西部地区、民族地区建构内生发展能力的典范。在全国区域经济发展中，各地都注重深化体制改革激发内生活力。中央在西部开发的政策实施中屡次强调，要把发挥西部大开发的政策支持作用与培育西部地区的内生增长动力结合起来。在现实中，不少地区还存在等靠要思想。贵港模式的兴起，说明靠自己胜过靠上级，靠创造胜过靠等待。贵港是西部地区、民族地区中，把依赖于纵向支持转向依赖于横向组织资源与要素，从而实现制造业赶超的典范。

从国家层面来看，中共中央、国务院一直深刻认识到，我国区域不平衡、不充分的矛盾依然突出，区域差距依然较大，按照以人民为中心的发展思路，必须重视后进地区的发展赶超。贵港市能够主动作为，把发达地区的优势资源引进贵港，构筑起贵港的工业发展基础，从区域层面减少贵港与发达地区的过大差距，从国家层面避免了发达地区的资本流动到东南亚等国家，实现了锚住资本与减少区域差距扩大的双重作用，有利于国家促进区域经济协调发展战略的实施。因而，从国家宏观经济管理角度看，贵港模式，也属于国家鼓励和支持的发展模式。

第六节　守正方能再出奇　强市还需过大关

SWOT 是我国制定区域规划、刻画未来发展的常态化分析方法，在区域发展的研究报告中会经常遇到它。这一方法通过对区域对象的优势、劣势、机遇、威胁的分析，对区域竞争的态势加以判断，是深入开展区域发展规划的基础性工作。在研究贵港市制造业发展思路时，也需要利用优势、规避劣势、把握机遇、正视威胁，科学规划与设计区域发展方向，更好地动员与利用区内外资源，促进贵港走上科学发展、高质量发展之路，SWOT 分析方法也被用于本书的研究。

一、优势分析

提升贵港制造业竞争力，存在诸多有利条件和优势，应该加以正确认识和充分运用。具体如下：

（一）找到并闯出了工业兴市、工业强市新路

贵港制造业出现恢复性增长，各项指标连续几年向好的方面发展，中央媒体一再肯定"贵港速度"，说明贵港提升制造业竞争力之路走对了。贵港党政领导把国家支持产业转移的政策与贵港的资源优势、低成本优势相结合，并不断优化营商环境，实现了外地产业在贵港的异地移植、存活和顺利成长。转移过来的企业适应了贵港的发展环境并不断壮大规模。应该说，贵港在正确运用国家产业转移支持政策的同时，创造了一整套的招商引资模式、规范、规则、政策。这是吸引异地制造业企业转移的重要动力，也是异地转入贵港本地化扩张的重要前提。招商引资路径的成功成为贵港工业兴市、工业强市的重要推动力量。

（二）具有作为制造业投入的丰富矿产资源与农业资源

贵港地处平原地带，广西最大的冲积平原—浔郁平原核心区坐落贵港，土地肥沃，是广西重要的商品粮、蔗糖、林果和禽畜水产生产基地。境内水能总蕴藏量丰富。具有开采价值的矿产资源有40多种，其中三水铝、石灰石、锰矿、稀土的储量居全国前列。建材、木材加工、电力、农产品加工、羽绒、造纸、化工等产业初具规模优势。

（三）具有丰富的劳动力资源

与贵港物产丰富相类，贵港同样是个人杰地灵的地方。历史上贵港出现过许多名动天下的杰出人物，同时贵港的劳动力资源也十分丰富。根据贵港市统计公报，2015年末，贵港全市户籍总人口达到548.94万人，其中，18~59岁的适龄劳动人口数量达到325.81万人，占人口总数的59.4%。可见，贵港是一个人口数量庞大、劳动力资源供给相对充足的城市。众多劳动力资源的供给，为制造业的发展提供了丰富的人力资源，有

利于促进制造业的发展。

（四）具有制造业资源投入和产品输出的良好物流条件

贵港拥有西江流域最长的港口岸线资源，岸线长达 545 公里，可供开发千吨级以上码头的优良岸线 107 公里，适宜建设临港物流园、临港专业市场和临港工业园，发展临港经济。贵港拥有西江黄金水道及国家内河主枢纽港（贵港港口），铁路黎湛线（复线）、南广高铁，广州—昆明、贵港—梧州、桂平—来宾高速公路，以及在建的柳州—梧州、贵港—合浦、贵港—隆安、荔浦经贵港至玉林高速公路，形成水路、公路、铁路纵横华南、西南、中南并连接东盟的"三位一体"密集型水陆多式交通网络。贵港已成为西江经济带重要交通枢纽，形成华南、西南、中南和东盟大区域市场和经济要素流动、交会、集结的重要节点和空间场所。这既有利于经济要素资源顺畅流动，自觉接受贵港节点优势和空间场所的引力影响，也有利于贵港利用区位交通和环境优势条件。着力于"截流"，有效地引导要素市场资源着地落户，衍生新经济新产业。

（五）具有发展制造业的良好地理区位

贵港位于广西东南部，地处粤港澳、北部湾和西南三大经济圈的交会点，拥有承东启西，面向粤港澳，背靠大西南，南连北部湾，通达东南亚的区位战略优势。在市场要素资源流向上，贵港地处东部、西部与东盟三大区域市场经济要素流动的主轴线，是三大区域市场要素流动的主通道、重要交会点；从西江经济带发展来看，贵港处于南宁、广州、柳州三个强市的交接地带，有利于接受三个重要城市的经济辐射和带动，形成促进制造业资源与要素进入的叠加波及效果。

二、劣势分析

值得注意的是，在贵港制造业发展方面，也还存在着一些比较明显不平衡不充分问题。具体如下：

（一）贵港制造业发展不充分的格局没有改变

贵港由于较长历史时期的经济保持较低的增长速度，虽然近几年增速明显，但因原有基数较小，增量扩张更多地体现出"兴市"的短期趋势，与"强市"的长期目标还有较大距离。而且，贵港的整体经济规模还不大，但人口基数较大，人均数值较低。因而，从全局看，如果说中国制造在全球的地位是大而不强，则广西制造业在西部地区中大而中强，贵港在广西城市中不大不强。

对中国工业在全球中的地位进行判断，是一个相对复杂的学术问题。一些国际组织根据发表论文和专利，以及参考中国经济总量，把中国罗列为世界强国，有些机构和学者甚至认为，中国要取代美国的位置。但从制造业产业结构、科技创新能力等角度来看，工信部部长苗圩把中国划定在全球制造业的第三梯队中，认为中国制造业大而不强，这是一种比较权威的判断与评价。按照工信部的评价，第一梯队是以美国为主导的全球科技创新中心；第二梯队是高端制造领域，包括欧盟、日本；第三梯队是中低端制造领域，主要是一些新兴国家，包括中国；第四梯队主要是资源输出国，包括OPEC（石油输出国组织）、非洲、拉美等国。"中国制造2025"相关文件的公布，就是要预计到2025年把中国初步建设成世界制造强国。

要把广西放在整个西部地区进行评判，本书的结论是中大中强。西部地区的工业化水平较低，工业总量在全国影响不大。国家推进西部大开发的一个重要内容，就是推进西部地区的工业化。本书采用了两个指标对西部各省市工业竞争力加以评价：工业增加值与人均工业增加值，前一个数值反映总量指标，是大小的标志；后一个数值大体可以反映能力指标，是强弱的标志。笔者把2016年西部工业增加值划分为大于1万亿元、6000亿~10000亿元、3000亿~6000亿元、小于3000亿元四个级别，广西位于第二档次（见表4-4），低于陕西、内蒙古，但是高于重庆，总排名在西部12个省区中位于第4，中等偏上的位置。可以说，在西部地区工业增加值总量中，广西位置相对靠前。我们按人均工业增加值划分为四个档次：大于2万元、1.5万~2万元、1万~1.5万元、小于1万元四个档次，广西位于第三档次，高于同一档次的四川、新疆，在12个省区中总排名第6位，也是一个中间位置。

表4-4　2016年西部各省区工业增加值与人均工业增加值

	工业增加值（亿元）	人均工业增加值（万元）
内蒙古	7233.00	2.93
广西	6816.64	1.48
重庆	6183.80	2.14
四川	11058.79	1.38
贵州	3715.64	1.07
云南	3891.20	0.85
西藏	86.44	0.29
陕西	7598.00	2.04
甘肃	1757.53	0.69
青海	901.68	1.60
宁夏	1054.34	1.67
新疆	2677.63	1.23

资料来源：《中国统计年鉴》（2017）。

客观地说，贵港在整个自治区的工业影响力还比较小，分工优势还需要进一步塑造。表4-5是2016年广西各市的工业增加值与人均工业增加值数据，能够反映各个城市的排名状况。如果对这两个指标进行比较可以发现，贵港所处的位置相对较低。按照数据分布状况，可以把广西各个城市的工业增加值划分为大于1000亿元、500亿~1000亿元、300亿~500亿元、小于300亿元四个档次，可以发现，贵港工业总量处于自治区第三档次的末位，仅高于河池、贺州、来宾、崇左四个城市，在广西14个城市中

的总排名在第 10 位。按照人均工业增加值，可以把广西城市划分为大于 3
万元、2 万~3 万元、1 万~2 万元、小于 1 万元四个档次，贵港人均工业
增加值位于最末的第四档次，只高于贺州、来宾、河池三个城市，按照自
治区城市总排名位于第 11 位。同时，与广西壮族自治区人均工业增加值
1.48 万元的水平相比，贵港的人均工业增加值仅有一半水平。

表 4-5　2016 年广西各市工业增加值与人均工业增加值

	工业增加值（亿元）	人均工业增加值（万元）
南宁	1063.14	1.51
柳州	1243.52	3.14
桂林	750.07	1.5
梧州	627.01	2.08
北海	464.42	2.83
防城港	340.88	3.67
钦州	363.22	1.12
贵港	319.38	0.74
玉林	521.11	0.91
百色	508.74	1.41
贺州	144.67	0.71
河池	147.09	0.42
来宾	160.92	0.73
崇左	257.13	1.24

注：这里人口采用常住人口数据。
资料来源：《广西统计年鉴》（2017）。

（二）制造业发展不平衡的问题还比较突出

从贵港市的统计指标看，传统制造业在整个制造业结构中所占比重较
大，水泥、陶瓷、造纸、钢铁等产业不仅存在着较多的能源消耗，而且经

济效益不高。2015 年，贵港市建材、冶金、农副食品加工等 9 个重点产业总产值为 843.29 亿元，占全市规模以上工业企业总产值的 97.39%。尤其是农副食品加工、木材加工和非金属矿物制品业三项达到制造业产值的比重高达 50%。大量制造业企业多为资源型或高能耗企业，产业链短、层次低，能耗高、产品附加值低、市场竞争力不强。在 2017 年公布的广西百强企业中，贵港钢铁、贵糖、扬翔等企业入列，但都是钢铁制造、农副产品加工类传统产业，产业技术水平不高。

在经济新常态下，传统制造业竞争力不足的问题日渐突出。根据贵港市统计部门提供的信息，2017 年第一季度造纸和纸制品业增长回落明显。在全市规模以上工业企业中，造纸和纸制品业工业总产值比上年同期下降 74.5%，拉低规模以上工业企业产值平均增速 2 个百分点。与之相对应的还有制糖业。第一季度，制糖业工业总产值同比下降 30.3%，拉低规模以上工业企业产值平均增速 1.4 个百分点。而对 2017 年前三季度的分析从整体上看，这种困境并没有仅限于造纸和制糖业，也延伸到制造业其他领域。根据贵港市统计部门的分析报告，受价格指数走高的影响，非金属矿物制品业虽产值为正增长，但增加值增速为负，对工业增长拖累明显，前三季度非金属矿物制品业规模以上工业企业增加值下降 5.0%，下拉全市规模以上工业企业增加值 1.2%；黑色金属冶炼和压延加工业因产品价格大幅上涨，行业产值增长快速，但前三季度行业规模以上工业企业增加值对全市规模以上工业企业增加值的拉动力微乎其微仅 0.1%。

与此同时，2017 年 9 月，市级规模以上工业企业中停产（包括季节性停产、注销企业）的企业达 51 家，占全市规模以上工业企业的 10.7%，这些企业共下拉全市规模以上工业企业增加值回落 4.8%，对全市工业影响较大。

发展中的不平衡还表现在基础设施的发展与制造业的快速发展不相适应。根据贵港有关部门提供的资料可知，基础设施建设资金投入不足。由于财政资金有限，致使对产业园区的资金投入不足，产业园区硬件基础设施及配套设施工作滞后，无法满足工业园区建设对资金的需求。五个县市区的工业园没有一个具备路网完整、供排水到位、生活设施完善的现代化园区标准，制约了招商引资和项目建设工作的开展。

除此之外，产业发展的不平衡还反映在区域层面。根据贵港市统计局所做的分析，从区县情况看，全市五个县市区常住人口数在全区 111 个县（市）区的排名中，除覃塘区排在 36 位外，其余四个均排在前 30 位，其中桂平市排在第一位，而五个县（市）区的人均 GDP 则均排在 50 位以后。由于发展基础不同，产业分布、企业投产状况不同，贵港市各区县之间的发展差距较大。如表 4-6 所示，2015 年贵港市区县人均生产总值最高的港北区与港南区之间的差距高达 13000 多元，差距悬殊。城镇化的差距同样悬殊。2015 年，贵港市五个县市区的城镇化率分别为：港北区 74.95%、港南区 38.74%、覃塘区 43%、平南县 44.01%、桂平市 40.95%。其中，最高的是港北区，最低的是港南区，二者的城镇化率相差了 36.21%。

表 4-6　2015 年贵港市五个县市区常住人口及人均 GDP

地区	常住人口（万人）	在全区 111 个县（市）区中的排名	人均 GDP（元）	在全区 111 个县（市）区中的排名
港北区	60.72	22	28557	58
港南区	53.15	29	15516	95
覃塘区	42.35	36	24675	68
平南县	117.13	6	18113	87
桂平市	156.02	1	19026	84

资料来源：贵港市统计局。

（三）本地提供的新发展要素相对较少

分析贵港的产业和企业可以发现，高水平的技术供给、技术人才和管理人才相对短缺，制约产业和企业的进一步发展。比如，福发钢铁有限公司、大成陶瓷有限公司、鳄鱼王公司等因受产能过剩、企业受内部管理机制不完善、财务制度不健全等原因，企业面临停产状态。木乐服装工业区大多数为家庭作坊式服装加工企业，自有品牌不足，无法形成产业链。

（四）发展中要解决的难题较多

在贵港经济发展中，传统产业不仅占据着贵港市工业经济的重要主体地位，整个经济发展中需要解决的转型升级、开拓市场、推动城镇化、解决贫困问题的诸多矛盾还比较突出。比如，贵港市的贫困人口逐年下降，由 2011 年的 57.8 万人减至 2015 年的 29.589 万人，累计减少 28.2 万人。但贵港依然是广西壮族自治区贫困人口较多的城市。根据 2015 年底建档立卡精准识别，全市共有 360 个贫困村 29.6322 万贫困人口，贫困人口总数排名全区第 7 位，贫困村数排名全区第 6 位。除此之外，在制造业企业中，还存在融资困难、担保成本高等突出问题。

三、机遇分析

（一）加快发展制造业的政策机遇

党中央国务院高度重视发展制造业，出台了《中国制造 2025》，提出了建设制造强国的宏伟蓝图。在中央的相关政策中，明确了创新驱动、战略性新兴产业发展、推动制造业转型升级、大力发展高新技术产业等重要内容与配套政策。积极参与"中国制造 2025"建设，体现各省市、地区对国家的责任与担当，也可以获得国家政策的积极支持。

强国是强市的行动目标，强市是强国的实现基础。推动贵港工业兴市、工业强市，是实现中华民族伟大复兴中国梦的组成部分。把国家关于建设制造强国的政策与贵港的发展联系在一起，体现了整体利益与局部利益的关系。但整体是局部的总和，制造强国需要全国各个贵港一样的地级行政机构加以实现。当然，贵港工业兴市、工业强市，也需要来自中央相关政策的支持。

（二）科技革命与新兴产业成长机遇

在全球范围内，新一轮科技革命方兴未艾，人工智能、基因编辑、大数据、机器人、3D 打印等新技术不断涌现，标志着创新引领制造的新时代的再起。受科技革命，尤其是信息革命的推动影响，制造业出现了转型升级和跨界融合，新产业、新模式、新技术、新业态不断涌现，而互联网技术推动制造业日益数字化、智能化，加速产品创新；另外，制造业发展形态逐渐向精益化、绿色化、柔性化、服务化转变，产业组织方式也呈现出开放化、扁平化等新特征。显而易见，各类技术创新成果迭出、产业革命深化、制造扩散加速的现实背景，为贵港制造业的发展提供了良好的机遇。

（三）国内产业转移的重大机遇

在现代市场经济条件下，企业因应市场供求关系、生产成本和政府政策的调整和变化，出现跨地区的产业转移，可以追求经济利益的扩张或者企业生命周期的延续。通常情况下，国内的此类产业转移可以因地区之间的土地、劳动力等生产成本的差距引起，也可以因地区资源环境承载能力的差距从一些地区转移到另外一些地区。但是，也有一些新建生产能力是为了面向扩大区域性市场销售而布局转移的。由于沿海地区，尤其是珠江三角洲的一些城市与贵港存在生产成本、环境保护压力等方面的差距，一些技术相对成熟的产业从沿海向包括贵港在内的中西部转移必不可免。贵港在招商引资方面取得不俗的成绩，在一定程度上利用了国内产业转移的机遇。

（四）区域重大战略的机遇

中共十八大以来，中央推动实施了一些重大区域发展战略。西部大开发、"一带一路"建设，都是国家实施的重大区域战略，与广西乃至贵港的发展息息相关。国务院先后出台了《关于进一步促进广西经济社会发展的若干意见》及《珠江—西江经济带发展规划》，在一定程度上明确了建设好贵港节点性城市的要求。广西壮族自治区在"十三五"期间提出"双核驱动"的发展战略，重视发展西江经济带，而贵港市处在西江经济带中游地区，可以充分利用自治区区域政策重点设置的机遇。

（五）"弯道超车"的市场机遇

作为体育术语，"弯道超车"常指在跑步弯道处，运动员的速度会因调整姿态、步幅、方向而出现一定程度下降，这给了跑在后面的运动员尽快调整和追赶前面的运动员的机会。这一运动术语越来越被运用于经济社会发展的许多方面。在出现全球贸易增速放缓、国内出现一定程度产能过剩和中央明确经济进入经济新常态后，发达地区的经济增速出现明显放缓，这给经济相对落后的地区以弯道超车的追赶机遇。贵港经济规模较小，资源禀赋较好，应该更好地利用好弯道超车的机遇。

四、挑战分析

（一）国内外经济竞争进一步加剧

从全球范围看，在发展制造业方面，发达国家与发展中国家之间的竞争不断加剧，在各国市场扩大受限但是制造业的产能扩张加速的情况下，世界各国为争夺产能和市场的竞争将进一步加剧。在这一过程中，处于后进地位的国家或者地区的选择相对有限且相对被动，需要更加努力地去争夺资源。而处在发达地位的国家和地区在技术创新和转型升级等方面选择的范围相对较大。但是，鉴于技术、产能与市场等资源的稀缺性，经济竞争将进一步加剧，对贵港来说是一个重大的挑战。从国内发展背景看，国内围绕着产业转移资源的竞争也不断加大。这使得许多企业在各地投资前先进行多方面投资区位与优惠政策的比较，希望减少成本和投资压力，获得更多的收益。近年来贵港也出现了客商考察多、项目落地难的情况，说明招商引资方面面临着诸多挑战。

（二）思想观念落后

贵港市委、市政府注意到部分干部还存在守旧思想，观念转变不够的问题。在全市解放思想抢抓机遇再讨论暨投资促进工作大会上，贵港市委、市政府的领导就指出了部分干部工作中存在的问题："有些单位和个人思想解放只停留在嘴上，没有落到心里、触动灵魂，喜欢坐而论道、夸夸其谈，拈轻怕重、揽功推过；一些单位和个人明哲保身，不思、不变、不进、不退、不做、不为，占着位子不做事，隔山观火或作壁上观，一些机关部门的工作作风还没有根本好转。"这些问题如果得不到解决，将会降低贵港对外来投资的吸引力。

提升制造业竞争力，必须着力解决以上问题。贵港必须积极应对挑战、加强统筹规划、突出创新驱动、制定特殊政策、完善现有制度、动员全社会力量奋力拼搏，在招商引资方面迈出新步伐。同时，更多依靠自主创新，培育本市知名品牌和优势企业，实现制造业的转型升级，完成提升贵港制造业竞争力的重要战略任务。

第五章

提高贵港制造业竞争力的
整体思路

第一节　提升贵港制造业竞争力的指导思想与原则

一、指导思想

把做大、做强制造业作为执政兴市的第一要务，充分认识到中国制造在全球主要经济体中大而不强、广西制造在中国中西部半大半强、贵港制造业在广西不大不强的基本现实，顺应举国加快建设制造强国、广西推进工业兴桂的趋势，以习近平新时代中国特色社会主义思想为指导，以新发展理念统领贵港制造业高质量发展进程，以稳速度发展追求高质量发展，以新产业发展引领高质量发展，以聚要素发展支撑高质量发展，树立弯道超车思维，打造好贵港版"中国制造2025"，按照招商起步、基础培育、创新驱动、高端引领的方向，积极推进制造业发展质量变革、效率变革、动力变革，形成高端制造要素集聚、主导产业优势地位突出，创新型中小企业不断成长的格局。扩张建设总量、结构优化、分工明确、优势突出的制造业产业群，不断提升贵港制造业在国内外市场的竞争力，开创贵港制造业大变革、大发展、大繁荣新局面。

二、基本原则

（1）招商起步。充分用好贵港招商引资方面的政策优势和区位优势，总结好贵港在招商引资方面的成功经验，以引进内资外资方面的增量扩张带动贵港的制造业发展，用好组团招商、驻点招商、以商招商、委托招商等多种方式，促进国内外的资本、技术、人才向贵港集中，实现贵港先进制造业、高新技术产业的良好起步，带动传统制造业的改造升级。

（2）基础培育。加强贵港制造业竞争力提升的政策基础、技术基础、资源基础的培育，强化政府服务意识，规范和优化政企关系，营造有利于制造业竞争力提升的商业环境与政策环境。

（3）创新驱动。把建设优质创新创业生态置于贵港制造业发展的核心地位，更加突出创新对于贵港制造业发展的支撑作用，使创新成为贵港制造业转型升级与增强优势的动力之源。

（4）高端引领。突出发展高新技术产业和高端制造业，以高端技术为突破口，植入高端设备、改进高端流程、集聚高端人才，积极打造高新技术产业与先进制造业产业集群，抢占广西乃至西南地区产业链、供应链、价值链高端。

第二节　对贵港制造业的发展定位

定位：西江经济带新兴工业城市、"一带一路"产能合作前沿节点城市、桂东南战略性新兴产业基地、广西承接产业转移重要基地、广西第二汽车生产基地。

（1）西江经济带新兴工业城市。城市的兴起与繁荣由工业带动，以制造业为主的工业表现出较快增长势头，工业在整个经济中的带动和波及作用日益突出，工业发展中新设备、新要素、新组合、新业态不断出现，贵港工业在整个西江经济带工业中的比重持续提升。这里所描绘的贵港新兴工业城市可以包括三类概念：①工业城市：不是旅游城市、林业城市、矿业城市、休闲城市，而是以加工类工业为主导的城市。②新兴城市：城市处在扩张的过程中，城市规模扩大与城市产业兴起并重，城市处在生命周期的初期到中期，城市活力不断增强。③新兴产业活跃的城市：整个工业总量中工业设备、工业从业人员、企业规模中的新生度较高，按大类排列的新兴产业所占比重明显提高。

（2）"一带一路"产能合作前沿节点城市。广西地处"一带一路"向南开放的桥头堡地位，可以兼顾与东南亚的海陆合作，有利于扩大对外开放倒逼广西的体制改革和促进广西的经济发展。贵港虽非沿边城市，但距离边界地区位置不远，且可以利用向东的物流由广东和香港的口岸出口，加强贵港与东南亚甚至南亚的经济联系理所当然。应充分利用贵港的区位优势和"一带一路"建设的机遇，加强与东南亚各国的相互合作。贵港建设"一带一路"产能合作前沿节点城市，既可以在国家与自治区"一带一路"建设中，以个体融入总体，参与集体合作在国外建设园区和进口资源型产品的过程，加强与"一带一路"沿线国家的产能合作，减少单个城市在"一带一路"建设中的盲目性与不可预期的管理风险；也可以引进国外的资本、技术在贵港建设面向"一带一路"的出口基地，提高贵港制造业产品在"一带一路"东南亚诸国的市场竞争力。

（3）桂东南战略性新兴产业基地。战略性新兴产业具有较好的发展前景，是各个国家之间和地区之间竞争的重要领域。2008 年以后，国务院把战略性新兴产业作为提升中国产业竞争力的重要抓手。在"十三五"规划中，各地都把战略性新兴产业作为振兴区域经济的突破口。做大、做强战略性新兴产业，符合贵港的发展实际。鉴于贵港市发展战略性新兴产业的技术基础和产业基础相对薄弱，从引进较为成熟的技术与生产模式作为起点十分合理。应进一步深化对国内外战略性新兴产业发展规律的认识，既顺势而为又主动作为，注重发展知识技术密集度高、物质资源消耗少、成长潜力大、综合效益好的战略性新兴产业，提升贵港战略性新兴产业在桂东南以及在整个广西的影响力。

（4）广西承接国内外产业转移重要基地。不少地区的工业或者制造业发展，主要考察地区发展的资源禀赋，从资源的产业化延伸角度考察制造业发展和工业化。在市场全球化和资源要素组合全球化的背景下，应善用国内外资源与要素发展贵港制造业。在国内各地区之间产业发展差距与要素价格差距同时并存的情况下，产业转移对于发达地区和后发达地区来说可以实现双赢：对于发达地区来说，要立足于转型升级，充分利用有限的土地资源，在"腾笼换鸟"中推动高新技术产业和高端制造业发展，减少技术成熟类产业带来的资源环境压力；对于后发达地区来说，通过接收来自发达地区的产业转移，可以较快地植入工业化，把增大地区经济总量与参与国内外制造业竞争力结合起来。贵港靠近珠三角地区，处在珠江—西江经济带中上游地带，与珠三角中下游的地区具有资源共享等方面的有利条件，具有承接产业转移基地的现实基础。把贵港建设成广西承接产业转移重要基地，理所应当也合情合理。

（5）广西第二汽车生产基地。贵港制造业异军突起，其中新能源汽车发展迅猛，成为广西汽车基地的后起之秀。在广西各市竞争性建设汽车基地过程中，贵港汽车基地的影响力因与国家产业政策支持方向相一致，逐渐后来居上，产业规模与社会影响日益扩大。但汽车生产基地的竞争，永远在路上，不可能毕其功于一役。应按照中共广西区委的要求，积极建设第二汽车生产基地，把其作为振兴贵港制造业的重要突破口。定位于第二汽车生产基地，希望贵港人更具拼搏精神，在坐二望一、扩大汽车生产规模和优化汽车生产结构中，进一步提升贵港汽车的知名度与影响力。

第三节　贵港制造业发展阶段与目标

应着眼于贵港制造业长远发展，根据产业特点、市场需求、贵港基础和国家政策导向，科学谋划制造业发展重点。从战略和全局的观点看，可以把贵港制造业竞争力的提升划分为三个阶段：

（1）招商引资高起点阶段（2017~2020年）。就是利用国内外市场的要素价格差距，加大招商引资力度，以规模高起点和产业高起点为基本特征，把贵港承接产业转移基地的功能更好地发挥出来，加大从沿海地区，尤其是珠江三角洲地区引进战略性新兴产业力度，以优势管理、优质资本、先进技术为基础，在较短时期内建立起生产优势。同时，把生产与销售尽可能地融入全球产业链。更加注重按照国内外标准进行市场开拓，极力做好"补短板"的工作，以个别战略性新兴产业的做大做强为突破口。这一阶段为贵港制造业的非常规发展阶段，可以表现为制造业的高速增长，在新常态下地区增长变化中表现尤其突出、个别战略性新兴产业在全自治区的优势地位迅速确立。

根据贵港制造业发展的现状与趋势，基本可以确定贵港制造业增加值2017年增长可达到11%，在2016年的规模上达到354亿元左右，2018～2020年保持在10%左右，预计到2020年将达到470亿元左右，力争在工业规模上超越防城港，逼近乃至超过钦州。

（2）平稳增长期阶段（2021～2025年）。在各地区生产要素逐渐均衡化的过程中，招商引资的资源逐渐短缺，依靠外来资本与成熟技术增量扩张的优势逐渐减退，但新的技术存量尚在培育之中，个别领域出现一定程度的较快增长，但是制造业整体增长势头明显不足，处于新旧动能转换之中。贵港的新旧动能转换与整个国家不同步，晚于国家整体推进的新旧动能转换。就全国意义看，产业的地区转移不能只是发生位置移动，大多数情况下，不会导致整个经济质量的明显提升与速度的明显增加。但是就贵港而言，因为第一阶段的产业转移带来的重大变化，掩盖了这一时期的内生性的新旧动能转化过程，从而在第一阶段显示出规模扩张带来的动能释放。而在第二阶段，由于既有招商引资发挥一定作用，又有新动能一定程度的动力释放，因为制造业不会出现大起大落之势，但也不会出现像第一个时期一样的增长趋势。

课题组把平稳增长期的工业增速确定为8%，通过5年的增长，预计到2025年前后，工业增加值达到690亿元左右。也就是说，经过5年的增长，力争使贵港的工业增加值达到第三梯队的前列（见表5-1）。

表5-1 贵港市制造业发展的几个阶段

	第一时期 （高起点阶段）	第二时期 （平稳期阶段）	第三时期 （再增长阶段）
工作重点（前端）	招商引资	招商引资动力减弱，内生增长动力加强	内生增长占据主导地位，展示核心竞争力
增长变化曲线	第一次高速增长期	转换模式与平稳增长期	第二次高速增长期
产业扩张形态	增量扩张为主、注重培育内生基础	增量扩张与存量优化并重	存量优化和新动能的培育显示优势，多个产业集群发力
市场保障（后端）	强化标准与市场培育	继续重视新兴产业创新能力培育	加强市场竞争秩序的保护，防范侵权
政策支持	争取国家和自治区各类政策支持	争取国家和自治区各类政策支持	争取国家和自治区各类政策支持

资料来源：课题组自拟。

（3）创新驱动再增长阶段（2026~2030年）：这一阶段属于另一个较高速增长期。通过多年的创新基础培育，贵港的创新成果不断增加，形成了一批国际前沿性成果，并在产业化过程中得到运用，数个前沿性领域的核心竞争力得到释放，成为广西创新能力较强的城市之一。另外，围绕着战略性新兴产业的发展，在一定程度上进行了稀土资源开发，新材料产业得到较快速的增长。这一阶段贵港步入制造业竞争力提升的良性循环阶段，形成可持续发展的制造业做大做强模式。

课题组表示，这一阶段贵港制造业增加值年增长规模可以保持在9%左右，工业增加值总量到2030年预计将超过1000亿元。从人均工业增加值判断，贵港制造业人均增加值上升也比较明显，以2006年的价格计算，应该可以达到3万元左右。由于各个城市人均增加值都会上升，力争贵港制造业增加值总量跨入第二梯队，人均制造业增加值在第三梯队前列。

通过整个贵港制造业三阶段发展模式，可以使贵港实现脱胎换骨的转变，城市产业发展模式也会由贵港制造向贵港创造转变，由外延扩张向内涵扩张转变，由招商支撑向内生发展转变，提升贵港制造业在广西的影响力与竞争力。预计到2025年，实现贵港制造业从第三梯队向第三梯队前列的跃升；预计到2030年，实现贵港制造业竞争力从广西第三梯队前列向第二梯队的跃升，成为驱动广西制造业创新与发展的重要"排头兵"。

第四节　提升贵港制造业竞争力的九大战略

根据贵港制造业来说的发展现状与问题，从赶超发展的角度，提升贵港制造业竞争力应该坚持以下九大战略：

（1）规模制造。立足于抢抓制造业发展机遇，树立赶超思维，保持制造业适度增速，尽可能在一定时段内使制造业的增长速度快于国民经济增长速度，以规模扩张带动贵港制造业的崛起。在经济新常态下，要更加鼓励企业敢于争先，以量的扩大带动质的提升，把做大贵港工业经济总量、做大主要制造业行业总量、做大领头企业经济总量作为发展贵港制造业的方向，不断创造新规模、新产业、新企业，政府应为企业的做大做强创造环境与条件。

（2）开放制造。贵港的制造业不能就贵港论贵港，必须超越贵港，在更大的范围组织资源与要素。比如，应该实行东进融合战略，加强与珠三角之间的制造业联系与分工，在开放中吸引发达地区的资源与要素。又比如，积极融入"一带一路"建设，加强贵港制造业与东南亚国家市场之间的联系，尤其是重视老挝、越南、泰国、马来西亚、新加坡等国家市场的开拓。

（3）集约制造。改变传统的分散、各自为战、高投入低产出的制造业发展模式，实现制造业的集约发展。在做大做强贵港制造业中，应该突出以下三类集约：①地域集约：把制造业发展有效地集中到园区，有助于提供政府公共服务和降低基础设施成本。②管理集约：更多地注重加强设备改造、产品开发和人员素质提高，提高管理效率。③机制集约：更加注重依托市场机制推动专业化协作，实现资源的有效配置。尤其是，要注重把握时机，逢低吸纳，吸引各类技术资源、劳动力资源与人才资源进入贵港。通过这三类集约，提高各类要素对制造业产出的贡献，不断提高制造业整体效率，实现制造业发展中的低投入、高产出。

（4）高端制造。要不断紧跟国内外制造业发展的变化趋势，择天下之优质产业、优秀企业、杰出人才为贵港所用，大力发展高端制造业，提高战略性新兴产业在整个制造业中的比重。高端制造表明一个地区制造业的发展程度，要突出产业先进性、技术先进性、管理先进性与员工先进性的特点，提升数字化设计、自动化制造、信息化管理、网络化经营程度，把贵港打造成广西的高端制造重要基地。

（5）转型制造。传统产业、传统企业、传统产品是现代市场经济中的有机组成部分，与国计民生紧密相关，也是贵港制造业发展的基础。只有夕阳的产品而没有夕阳的产业。应该把传统意义上的资本密集型产业和劳动力密集型产业加以现代化改造，突出对传统制造业的转型升级，突出新型设备、新型产品、新型技术对企业成长的引导作用，促进传统制造业在现代市场竞争中焕发出新的活力。

（6）融合制造。加强制造业与区域之间、制造业与生产性服务业之间的合作，推动跨界合作，推动产城融合、军民融合、创业创新融合、信息化与工业化融合，在构筑技术优势、制度框架、政策基础中，逐步形成叠加效应、聚合效应、倍增效应，以便培育和壮大新产业、新模式、新业态，在融合发展中发掘制造业成长新空间。

（7）品质制造。品质表现出生产者的质量和消费者的信任，是吸引购买和传播营销信息的重要途径，也是地区制造业竞争力的重要标志。质量竞争是现代制造业竞争的重要环节。要加大品牌塑造力度，积极打造广西名牌产品和优质产品生产基地，积极构建驰名品牌和知名商标，毫不松懈地清除假冒伪劣产品，树立广西制造的示范标杆，打造与工业强市相对应的"品质强市"，提高贵港制造的质量影响力。

（8）绿色制造。建设工业强市可以与生态文明强市并行不悖进行，要在制造业发展过程中充分考虑环境影响与环境效益，加大工作力度，支持资源消耗低、环境污染少的产业和产品生产。对产品从设计、制造、运输、使用、报废的全生命周期进行环境影响评估，通过完善工艺规划、材料选择、产品包装、回收处理、绿色管理等多个环节，重视各个过程资源的集约节约利用与环境保护，充分提高资源利用效率，在保护绿水青山的前提下建设工业强市。

（9）研发制造。工业强市的重要衡量标准之一是有无属于城市的特色独有产品。制造业的核心竞争力到最后，往往是以创新能力作为衡量的。因而，研发制造是一个城市制造的高级阶段，也是一个城市有无核心竞争力的重要标志。作为新兴工业城市，要在未来国内外市场竞争中有突出表现，拥有体现城市制造灵魂的研发制造能力十分必要。

在提升贵港制造业竞争力中，要顺应国家标准和规范逐步从严、消费者需求逐渐提高的趋势，始终把握绿色制造、品质制造作为工作要求，把规模制造作为制造业竞争力提升的前期追逐目标，把转型制造、集约制造、开放制造、融合制造为提升竞争力的重要手段，把高端制造作为提升制造业竞争力的结构性目标，把研发制造作为提升贵港制造业竞争力的长远目标，要有阶段、有重点、有组合地利用好各类战略。之所以这样设计，是因为课题组认为，鉴于贵港制造业目前的基本格局以不大不强为特征，转型制造、集约制造、开放制造、融合制造都是制造业资源有效配置的基本方式，提高高端制造业的比重是制造业竞争力不断提升的结构性变化过程。而规模制造、绿色制造、品质制造和研发制造在衡量和判断贵港制造业发展中起重要指标性作用。课题组还认为，绿色制造和品质制造都是提升制造业竞争力的必要约束，始终坚持绿色制造与品质制造的方向，强化绿色制造与品质制造的标准约束。只有建立在绿色制造和品质制造基础上的制造业竞争力提升路径，才可以视同制造业的高质量发展。在此基础上，突出规模制造可以视为制造业高质量发展的初级阶段，或者是制造业高质量发展的第一阶段。这一阶段以做大为主，以做强为辅。研发制造可以视为制造业高质量发展的高级阶段，或者说制造业高质量发展第三阶段。这一阶段以做强为主，做大为辅。介于二者之间的，是动力转换阶段或者说过渡阶段。

正如课题组与贵港市政府领导交流后所提出的：提升贵港制造业竞争力可以划分为三个阶段：第一阶段制造业竞争力的提升方向对标重庆模式，第二阶段呈现过渡模式，第三阶段制造业竞争力的提升方向对标深圳模式。

第六章

提升贵港制造业竞争力的
主导方向

加紧落实工业兴市、工业强市政策，分层次、分类型地推动制造业发展，把国家制造强国政策与自治区工业兴桂政策结合起来，把发挥市场在资源配置中的决定性作用与更好发挥市场作用结合起来，使贵港建设成为"中国制造 2025"示范城市、广西战略性新兴产业重要基地、桂东南先进制造业集聚区、西江流域战略性新兴产业引领制造业转型发展先导城市。

第一节　积极扩展贵港制造业发展空间

中共十九大提出建设现代化经济体系，它是现代化经济体系的重要组成部分，贵港要建设现代化经济体系，必须高度重视建设现代化制造业体系。现代化制造业体系既包括战略性新兴产业的有效发展、传统产业的改造升级、未来产业的适度发展，也包括重视现代化制造业体系的优化布局。在许多方面，贵港都有做大做强的空间。但是，首先需要在制造业发展上形成纵向拉高、横向延伸的思路。

一方面，纵向拉高，或者说纵向到底策略，就是要充分认识到战略性新兴产业的高成长性和不断扩大的市场需求潜力，夯实战略性新兴产业的基础，同时提高战略性新兴产业的高度，把战略性新兴产业作为引领贵港制造业发展和振兴的重要领域，不断提高贵港战略性新兴产业在贵港制造业中的影响力，与此同时，要注重对未来产业发展的培育，适时启动与推动未来产业发展、未来的产业在一定时期内可以转化为战略性新兴产业。可在近期开始重视与未来产业相关联的要素集聚与基础设施建设，一旦在政策、条件都具备的情况下，短时间高强度加大投入，激发未来产业发展活力，形成新的重要增长动力，以助推贵港制造业做大做强。

另一方面，横向延伸或者说横向到边战略，就是高度重视传统制造业的范围扩展、能力增强与基础培植。首先，必须扩大传统制造业的覆盖范围。在需求导向的市场背景下，产业和企业的发展受市场的波动与变化影响较大。当制造业的门类比较齐全时，市场轮动波浪式起伏变化中就有相对较多的选择权，会出现"东方不亮西方亮"的发展效果，抵御市场波动风险的能力相对增强。产业发展带有轮动性，一旦某个产业发展的市场需求规模放大，而贵港产业没有为此类产业提供发展扩张基础，就是一种机遇损失。贵港的制造业产业范围覆盖比较有限，在统计意义上，家具制造业、印刷及记录媒介产业、金属制品业、仪器仪表等产业都没有被单独列出，反映了产业发展覆盖面存在一定缺失。尤其是贵港市在木材加工与纸制品行业发展上都有一定规模，但家具制造业和印刷业却明显短缺，这反映了产业发展中的不平衡。扩大传统制造业的覆盖范围，就是尽可能使一个地市级的城市产业范围能覆盖到统计意义上的全部产业范围。其次，进一步增强产业对市场变动的适应能力。传统产业市场相对饱和度更高，市场扩展范围有限，竞争更激烈。因而，贵港的制造业企业要在传统制造业激烈竞争中"杀出血路"，需要其产品具有质量优势、品牌优势、价格优势等，这样的企业才更具有竞争力。为了促进产业与产品竞争力的形成，就需要贵港的相关产业重视技术人才、管理人才的吸纳、科技创新投入与科技成果的转化。在传统的制造业领域，成功的企业都是相似的，不成功的企业却各有各的不同。

课题组研究后提出贵港市战略性新兴产业、传统制造业转型升级和未来产业发展的主要领域（见表6-1）。

表 6-1　提升贵港市制造业竞争力的主要产业类型

产业形态	主要产业
战略性新兴产业发展重点	新能源汽车及电动车产业集群
	电子信息产业集群（含普通电子信息产业与云计算大数据产业）
	以生物医药产业为主体的大健康产业集群
	装备制造产业集群
	废旧机电产品回收拆解再利用为代表的节能环保产业集群
传统制造业转型升级重点	木材加工与纸制品业
	纺织服装与皮革业
	家具制造业
	农副产品加工业
	建筑材料工业
	冶金制造业
	化学制造业
	电气机械及器材制造业
未来产业发展重点	新材料产业
	智能制造产业
	军民融合发展产业
	石墨烯产业
	碳纤维产业
	人工智能+制造业

资料来源：课题组自拟。

　　一方面，制造业发展需要有纵有横，宽高相济，但是并不等同于在制造业发展的任何维度都可以无限使用纵横术。在地区发展层面上，就应遵从区域经济规律，收敛纵横而聚焦方圆。而从国内外产业发展变化趋势看，园区发展是提升制造业竞争力的普遍规律。研究贵港制造业竞争力的提升，就必须研究园区发展规律，实现园区发展的合理布局，综合考虑贵港园区建设中的产业发展、土地开发、招商引资等全局性、长期性、战略性问题，高起点、高标准地提出园区发展方向。

另一方面，由于每个地区的资源禀赋存在差异，区域地理位置也不同，所以产业联系与产业辐射影响有所差别，各地在选择产业发展方向上应该选择有限范围，注重发挥比较优势，体现产业发展方向上更好地提高区域产业竞争力。贵港也不例外，发展贵港的制造业应该考虑以往的产业基础、产业优势、资源与环境承载力，创新要素供给可能等问题。在此基础上，优化配置政策资源，引导国内外优质资源与要素向贵港集中，形成能够体现贵港资源禀赋与政策优势，有助于稳定提升贵港竞争力的优势产业群。

第二节　切实重视发展贵港战略性新兴产业

党中央、国务院一直以来都十分重视发展战略性新兴产业，希望以新兴产业带动整个经济的平稳发展。

战略性新兴产业在国外名为"幼稚产业"，因为它的发展处于起步阶段，产业基础还在逐步形成，技术还不完全成熟，市场还有待进一步被开拓，社会对产业发展的认识还存在一些不确定性的产业。此类产业既具有一定的风险，但是先行进入的收益也比较高，从而为技术领先者和敢于冒险者提供了较为广阔的试验空间。近年来，我国战略性新兴产业已经成为全国上下共同呼吁加大力度发展的产业。相比于国际，中国作为后发国家对于战略性新兴产业的发展选择通常是以下几类：一类是可以弥补与发达国家间差距的产业，即发达国家已有而我国比较薄弱的产业，比如芯片产业；一类是我国与发达国家齐头并进的产业，比如，新能源汽车产业；还有一类是我国和发达国家都处在探索阶段的前沿产业，比如人工智能产业。

2009 年，为应对国际金融危机发生后的新形势、刺激经济增长，中共中央、国务院就重视发展战略性新兴产业，提出发展节能环保、新一代信息技术、生物、高端装备制造、新能源、新材料和新能源汽车作为战略性新兴产业。但应该看到的是对于战略性新兴产业的描述在国内不同年份略有变化。比如在《国民经济与社会发展第十三个五年规划纲要》中，明确了战略性新兴产业包括新兴产业和战略产业两类。新兴产业包括新一代信息技术、新能源汽车、生物技术、绿色低碳、高端装备与材料、数字创意。同时，进一步明确了要发展先进半导体、机器人、增材制造、智能系统、新一代航空装备、空间技术综合服务系统、智能交通、精准医疗、高效储能与分布式能源系统、智能材料、高效节能环保、虚拟现实与互动影视；战略性产业包括空天海洋、信息网络、生命科学、核技术等领域，也强调了要发展新型飞行器及航行器、新一代作业平台和空天一体化观测系统，着力构建量子通信和泛在安全物联网，加快发展合成生物和再生医学技术，加速开发新一代核电装备和小型核动力系统、民用核分析与成像。

应该说，"十三五"规划对新兴产业与战略产业的界定还不够严格。比如，作为新兴产业的新一代信息技术、数字创意与作为战略性产业的信息网络的边界在哪里？作为新兴产业的生物技术与作为战略性产业的生命科学的分界线又在哪里？合成生物究竟该算作是战略性产业还是新兴产业、与生命科学的关联度更高还是与生物技术的关联度更高？这些问题都值得人们关注和学术界探讨。

各地在提出战略性新兴产业发展规划时也有不同的选择，并不是完全照抄照搬中央提出的产业发展主导方向。比如，在"十二五"规划期间，一些省市在战略性新兴产业发展中加入文化产业，还有一些省市在战略性新兴产业发展中强调海洋产业。在"十三五"规划期间，各地强调的重点也有所不同。广西壮族自治区在"十三五"规划中，也明确提出战略性新兴产业的发展方向：新一代信息技术、北斗导航、智能装备制造、节能环保、新材料、新能源汽车、新能源、生物医药、大健康等产业，其中大健康产业就与国家划定的方向略有区别，显示出广西战略性新兴产业发展的自主性与独立性。

必须注意的是，越来越多的省份认识到战略性新兴产业的价值与作用，也把更多政策资源投入战略性新兴产业发展中。比如，安徽提出"三重一创"发展思路，就是强调"在全省建设一批重大新兴产业基地、推进一批重大新兴产业工程、组织一批重大新兴产业专项，构建创新型现代产业体系"。

根据国家权威部门提供的信息，战略性新兴产业于 2019 年在国内发展势头良好，增长速度明显超过整个工业的增速，是工业增长增量扩张最快的行业。到 2017 年底，全国战略性新兴产业占国内生产总值的比重约超过10%。根据国家统计局提供的最新数据可知，2017 年，工业机器人、民用无人机、新能源汽车、城市轨道车辆、锂离子电池、太阳能电池等新兴工业产品产量分别增长 68.1%、67%、51.1%、40.1%、31.3%、30.6%，呈现高速增长态势。

而按照中央的相关规划，预计到 2020 年，战略性新兴产业占 GDP 的比重将达到 15%。在深圳，战略性新兴产业所占比重已经达到 40%，显示出创新驱动带来增长动力的显著变化。

国家整体推动战略性新兴产业发展、广西各地发展战略性新兴产业已经成为普遍选择，贵港发展战略性新兴产业也理所当然、合乎逻辑的符合贵港工业强市的基本要求。

发展贵港的战略性新兴产业，需要考虑的主要因素有三点。一是发展基础是否已经形成一定产能；二是资源基础是否具有资源储备；三是技术难易程度。对于技术难度相对较高的行业，可进入性相对较差，对于技术要求不难的领域，可以在一定程度较快发展。具体关于贵港市战略性新兴产业发展的支撑与政策建议如表6-2所示。

表 6-2 贵港市战略性新兴产业发展的支撑与政策建议

战略性新兴产业	资源禀赋与发展可能			发展建议
	发展基础	自然资源禀赋	技术进入难易程度	
新能源汽车及电动车	有	无要求	有一定难度	大力发展
电子信息产业	有	无要求	技术相对成熟	大力发展
节能环保产业	有	无要求	技术进入难度不高	大力发展
装备制造业	有	无要求	技术相对成熟	大力发展
大健康产业	有	有	技术进入难度不高	大力发展
新材料产业	小	有	难度较高重引进	未来大力发展
智能（设定程序）制造	小	无要求	主要在于应用	未来大力发展
军民融合发展	小	无	技术进入难度不高	未来大力发展
石墨烯产业	无	无	引进技术	未来可适度发展
碳纤维产业	无	有	引进技术	未来可适度发展
人工智能+制造业	小	有	引进技术	未来可适度发展

资料来源：课题组自拟。

根据对贵港制造业发展的基本格局、资源禀赋、发展潜力与技术进入难易程度等方面可以判断，应将贵港市战略性新兴产业划分成近期可以积极作为的战略性新兴产业和未来需要大力发展的战略性新兴产业。

近期应该发展的战略性新兴产业包括新能源产业、电子信息产业、装备制造业、包含了生物医药在内的大健康产业和节能环保产业。这些产业在贵港要么已经有一定产业基础或者资源基础，要么技术进入的难度不高，可以加大资源投入或者招商引资力度，促进这些产业尽快做大、做强。

长期来看，应该积极发展新新材料产业、智能制造产业、军民融合发展产业、石墨烯、大数据云计算等产业，此类产业在贵港目前还缺乏产业基础，但可以通过技术引进、资本引进、资源导入等形式发展，为贵港市制造业在未来的腾飞奠定基础。

第三节　突出对粤港澳大湾区的招商引资

贵港模式表明，招商引资是有条件的。一些地区有丰富的资源需要转移，转移的资本需要在另一些适合于发展的环境下继续壮大成长。贵港已经做好了"筑巢引凤"的基础工作，也已经在京津冀、长三角与珠三角的招商引资中屡有收获，取得了不错的招商引资成绩。但为减少成本、提高效率，还是应该突出粤港澳大湾区，也就是珠三角的招商引资方向。

贵港距离中国制造的中心区域之一——"珠三角"最近，两地都属于珠江—西江流域，历史上人曰"两广"，证明两地渊源深厚。广西与珠三角地区文化相近、语言相通、生活习俗接近，两地居民往来密切。贵港地区有上百万人口到珠三角打工，人在异乡如同故乡，流连忘返有再扎根之感。同样，珠三角地区也有不少商人到了贵港，也不觉得是脱离了珠三角，到了另外一个陌生的文化差异很大的区域。目前，珠三角在国家的经济地位不断提升。2017年，广东省的地区生产总值接近9万亿元，占全国生产总值的10%以上。粤港澳大湾区正在组织实施创新发展驱动战略，已经把东京湾作为追赶对象（见表6-3），相信其经济总量会在短期内超过东京湾。中央已经确定，把粤港澳大湾区的发展上升为国家战略，未来，粤港澳大湾区在国家的地位将进一步提升。

表6-3　2015年粤港澳大湾区与日美著名湾区比较

	粤港澳大湾区	东京湾区	旧金山湾区	纽约湾区
占地面积（万平方公里）	2.04	3.68	1.79	2.15
人口（万人）	6520	4347	715	2340
GDP（万亿美元）	1.75	1.8	0.8	1.4
人均GDP（万美元）	2.04	4.14	11.19	5.98

续表

	粤港澳大湾区	东京湾区	旧金山湾区	纽约湾区
港口集装箱吞吐量（万 TEU）	6520	766	227	465
机场旅客吞吐量（万人）	1.75	1.12	0.71	1.3
第三产业比重（%）	62.2	82.3	82.8	89.4
代表性产业	金融 航运 电子 互联网	装备制造 钢铁 化工 物流	电子 互联网 生物	金融 航运 计算机
世界 100 强大学数量	4	2	3	2
世界 500 强企业总部数量	16	60	28	22

资料来源：刚刚，中国第四大战略浮出水面，《金融家》转引自刘晓波微信公众号，2018 年 2 月 1 日。

根据广东省省长马兴瑞的《政府工作报告》，2017 年，广东省先进制造业增加值占规模以上工业企业比重达 53.2%，民营经济增加值占生产总值比重达 53.8%。主营业务收入超百亿元、千亿元的企业分别达 260 家、25 家，进入世界 500 强的企业从 4 家增加到 11 家，上市公司总市值达 14 万亿元；2017 年，广东省国家级高新技术企业增加到 3 万家，跃居全国第一。高新技术产品产值达 6.7 万亿元，年均增长 11.4%。同时，广东近年来各类生产成本上升较快，地方政府急于转型升级，在成本压力、土地有限、转型升级政绩驱使下，一些制造业企业需要通过产业转移延续产品生命周期。贵港，无疑是一个很好的落脚地。

贵港应延续以往的招商引资策略，加强对粤港澳大湾区招商引资的重视程度，加强对珠三角重点城市招商引资潜力、珠三角重点城市产业与贵港拟发展产业的匹配程度、珠三角产业转移与调整思路、珠三角企业群产业转移意向等研究，有针对性地提出政府招商引资的工作重点与招商引资策略，提高招商引资的成功率与招商引资效率。针对粤港澳大湾区重点产业和目标企业，创新招商引资模式，将领导干部带头招商、专题招商活动与小分队、精准式招商活动结合起来，通过部门联动、区县联动、内外协同，推进招商对象精准化、招商主体多元化。与此同时，要把招商引资与招才引智结合起来，积极引进经营管理方面的人才、企业家、技术人才甚至政府官员。

第四节　贵港市战略性新兴产业发展重点

适应国内外市场需求的变化和国家战略性新兴产业发展政策的需要，进一步增强战略性新兴产业的影响力，扩大战略性新兴产业的覆盖范围，争取由"新三篇"向"新五样"过渡，在已有新能源汽车、电子信息产业和生物医药产业的基础上，增加装备制造业和节能环保产业作为新兴产业，扩大贵港战略性新兴产业的市场增长点。

一、构建具有全国影响力的新能源汽车及电动车产业集群

贵港市被定位为广西首屈一指的新能源汽车与电动车产业集聚区；西南地区重要的新能源汽车基地；全国具有一定影响的新能源汽车新兴城市。

新能源汽车相比于传统燃油汽车，具有污染少、能源利用效率高等方面的优势。因而，在世界上有许多国家重视推广新能源汽车。许多欧盟国家已经明确表示未来将淘汰燃油汽车改用新能源汽车。在国内外市场上，未来的产业支持政策都是毫无疑问地支持新能源汽车，新能源汽车的未来成长将被看好，并在国内逐渐取代燃油汽车。新能源汽车自从被列入国家战略性新兴产业发展支持领域后，得到各方的支持：消费者购买新能源汽车得到国家补贴；新能源汽车在不少城市无须通过摇号购买；购买新能源汽车可获得一定的车船税减免；免征购置税。2017 年 6 月，工信部发布

《乘用车双积分管理办法》，这一政策的出发点是促进节能减排和推广新能源汽车。按照积分实施细则，纯电动车、高续航里程、高能量密度的车都有加分效果。从国内的技术路线上看，大部分企业一开始都选择了纯电动汽车或者插电式混合动力汽车的正确路线，其减排效果也得到国际社会的公认。2017年9月，工信部透露未来将逐步淘汰燃油汽车，开始采用新能源汽车作为运输方式。除此之外，各地也对新能源汽车给予一些地方政策性优惠。比如，重庆市提出未来三年新能源汽车免缴路桥费。这意味着，中国新能源汽车时代即将来临，新能源汽车发展的新机遇已经形成。

与传统燃油汽车相比，中国新能源汽车的起步相对较早，规模已经逐步扩大。从全球电动汽车的市场占有率比例看，2011年，中国的这一占比只有12%，但是到2015年已经超过50%。尤其是在总量不断扩大的同时，新能源汽车的出口潜力正在显示出来。2017年上半年，新能源汽车的对外出口达到2.39万辆，达到车辆出口总数的5.3%。其中，仅6月份一个月的出口量即达到1.07万辆。与此同时，出现了一些合资合作发展的新动向。比如，大众与江淮汽车在新能源汽车上的合作；雷诺日产与东风汽车在电动汽车方面的合作；福特汽车与腾骏汽车在新能源汽车方面的合作。

但是也应该看到，我国新能源汽车存在品牌知名度不高，研发能力不够强，关键零部件的支撑能力还缺乏保障，这都是新能源汽车发展的主要制约因素。

贵港通过招商引资，引进了广西华奥汽车、广西久久星电动车、广西柳钢大菱、广西益达新能源汽车、广西诺曼斯特新能源电动汽车、腾骏汽车等企业，在新能源汽车与电动车发展方面已经捷足先登，取得长足发展。把新能源汽车与电动汽车作为贵港的支柱产业，以新能源汽车与电动汽车带动贵港制造业的振兴，在现实中具有基础，在政策上切实可行，在理论上也符合规律。

第一，在发展模式上应有新突破。可以采用"重庆模式"，更多地引进新能源汽车企业，立足于打造西南地区最大的新能源汽车产业基地，这一模式也可被称为"群起群打"策略。在西南地区，已经有成都、泸州、绵阳、德阳多个新能源汽车基地；贵州正在贵安新区和遵义打造新能源汽车基地；云南在昆明和楚雄两地规划建设新能源汽车基地；广西则至少有四个新能源汽车基地：南宁、柳州、贵港和桂林。规划预计到2020年新能源汽车达到40万辆，约占全国的1/5。新能源汽车群雄并起，瓜分有限的资源，未来的竞争形势将更加严酷。贵港应立足于引进更多的新能源汽车项目，把贵港变成一个新能源汽车扎堆的产业集群，不断扩大和增强新能源汽车整车生产能力，也因此增强配套和服务能力。

积极发展新型电动车。在考察和研究中，课题组完全同意贵港市工业与信息化"十三五"规划中关于电动车发展的表述。即"重点发展电动自行车、两轮摩托车、电动三轮车等整车及零配件产业，引进发展电动观光车、电动高尔夫球车、电动巡逻车、电动环卫车、电动牵引车、电动工程车等低速四轮电动车"。贵港市的电动车具有较好的市场支撑基础，对城乡的中低收入者具有较强的吸引力，符合满足市场需求的基本生产规律。

第二，在关键部件的引进上要有新突破，重点突破动力电池和充电技术产业。这一策略也可以被称为"高举高打"策略。

新能源汽车生产中，锂电池和充电设备的生产是两个关键的环节。目前，锂电池已经成为国内投资的热点，数据显示，2016年我国锂离子电池生产已经达到78亿只。在规模扩大的基础上，出口能力也大大增强。2016年我国锂离子电池出口14.9亿只，出口金额67.8亿美元；锂离子电池进口17.0亿只，进口金额30.6亿美元。在进口数量甚至超过出口数量的基础上，出口金额还有较多盈余，说明我国锂离子电池生产的技术含量较高，具有一定的国际竞争力。与此同时，锂离子电池的生产投资也大幅度飙升。根据赛迪智库整理的资料，2017年全国数十家企业都在锂离子电池领域有大笔投入，实际投资高达550亿元。其中，有三家公司的投资超过百亿元。这也表明，这一行业未来的市场竞争更加激烈。

贵港除了继续引进新能源汽车整车生产企业外，还应积极引进全国甚至全球具有影响力的锂电池生产企业，加强新能源汽车产业链。在动力电池的使用方面，在贵港的动力电池规格标准具有一致性，既能用于较大型的电动汽车，也可以用于小型电动车。尤其是在动力电池使用达到一定寿命不能用于电动汽车时，也可以用于小型电动车的用户，达到电池的梯次利用。

从国内来看，深圳先进技术研究院、南京大学、北京理工大学、中国科学院都投入了一定力量来加强汽车电池的技术研究，可以把贵港作为产业化转化平台；从全球来看，日本、韩国都有在中国大连、南京布局生产锂电池的，但是欧美相关企业对生产锂电池进行布局的还很少，可以争取让美国、英国的资本和技术进入贵港。

第三，在新能源汽车新产品开发上应该有新突破。尽可能有多样化的产品结构，满足不同消费者的需求。重点发展纯电动汽车、插电式（含增程式）混合动力汽车和燃料电池汽车。前期重点发展以旅游、公共交通为主的新能源客车，逐渐转向越野车、家用轿车、物流运输用车等领域，培育扩展新能源汽车消费群体。通过多个新能源汽车生产厂家的引进，推动新能源客车、商务车、乘用车以及物流车、行政执法车、环卫系统用车等车辆的研发和生产。

第四，在扩大开放合作方面应该有新突破。加强与国际标准化管理组织之间的联系，并咨询国家商务部门，使贵港的新能源汽车能够达到欧洲、美国标准认证，从而进入发达国家的市场。应积极跟踪石墨烯等新材料产业在新能源汽车的应用进展，择机引进具有行业技术优势的企业。同时，应该通过进一步研发，进一步提高电动车的质量与稳定性，争取创立贵港的行业技术标准，并力争将更多的产品和零部件经过"一带一路"产业"走廊"进入东南亚地区。

在贵港与贺州、河池三市签订合作协议、共建新能源汽车及低速电动车合作示范区基础上来实现新能源汽车及低速电动车市场互认、产品互认、无障碍销售运行，同时，鼓励新能源汽车和电动车整车及配件相关企业在贺州、河池增设各级经销网点。申请在广西更大范围完善推动应用新能源汽车和电动车，增设充电基础设施，完善车辆销售、上牌上路等规范化流程。

第五，在建立新能源汽车的专门研发机构方面应该有新突破。贵港虽然是广西境内经济总量排位靠后的城市，但是已经在新能源汽车制造等方面走在广西很多城市的前面。按照工信部的相关政策部署，要在全国建立一批国家级或者至少省（区）级先进技术研究中心。建立新能源汽车研究院，与国家的相关政策相吻合。

第六，适时注重发展氢能新能源汽车。国家战略性新兴产业发展规划也明确提出，"推动车载储氢系统以及氢制备、储运和加注技术发展，推进加氢站建设"。近期，武汉等城市也在谋划大规模发展氢能汽车。此类新能源汽车还在起步阶段，贵港应该积极跟进，在充分论证的基础上伺机而上。

第七，在争取国家相关政策的支持应该有新突破。除了贵港市争取成为国家新一批新能源汽车应用试点城市，还应该支持自治区成为国家新能源汽车应用覆盖全域的首个省区。

二、建设具有较大区域影响的电子信息产业集群

定位：西南地区特色专业化电子产品生产基地；广西新兴电子信息产业集群。

（一）突出发展通用电子信息产业

电子信息产业形态多样、产业品种复杂，但对土地的需求面积不大，建设成本不高，易于迁移。电子信息产业经过多年竞争性培育，电视、手机、电脑等行业都充分进入竞争形态，除了具有技术创新优势的企业外，行业利润已经摊薄，甚至出现局部过剩现象。可以看到，电子信息产业在

未来较长一段时间都会一直作为国民经济的重要主导产业部门，国家产业政策将在较长一段时间支持电子信息产业发展。以往贵港此类产业发展不足，应该利用地区生产成本差距，加大引进步伐，注重产业补短，弥补贵港在电子信息产业发展方面以往的不足。具体指施有以下几点：

第一，大力发展手机充电部件及手机整机产业。以引进广东成熟二三线生产企业为主，偏重于产业转移，目标市场是东南亚地区。在手机和充电器投资上马后，逐渐完善贵港手机生产产业链，积极发展零配件产业，带动整个行业发展。

第二，突出发展车用与船用电子产品。汽车、船舶等运输工具都对车用电子产品存在规模化需求，贵港的汽车和船舶都已经具备一定规模，配套生产相关产品具有可靠的市场保障。应该加强运输工具生产的分工协作，更加注重通用型运载工具电子产品的生产，以形成规模效应。

第三，应高度重视引进和开发新型家用电子产品。随着居民收入的提高，城镇居民对家用电子产品出现分化型需求，一些高收入的家庭对于高档家用电子产品的需求会出现较大程度的增长。尤其是在建设智能家居过程中，电子产品具有广阔发展空间。如家用机器人、家用电子报警装置、电子吸尘器、可穿戴电子产品等市场产品空间将被逐步打开。可以紧扣市场需求变化，引进和开发面向广大用户的新型家用电子产品。

第四，应发展电子元器件。《中国制造2025》中提到工业强基工程，要求大力发展元器件。应该适应国家战略需求，积极瞄准产业发展空档，重视发展电容器、电阻器等通用电子元器件产业。

第五，发展软件产业。软件产业是近年来国内发展较快的产业，产业类型多样、内容丰富，尤其适合刚出校门以电子信息或者计算机专业为主导方向的学生。此类企业与大众创业万众创新的激励政策相一致，投资门槛低，智力资本密集度高，三五个人就可以组建公司，不受地域限制，只要求开办低成本，贵港发展此类产业，既有低成本的优势，也有空间广阔的优势，可以积极发展。

（二）引进发展云计算、大数据产业

按照标准化说法，云计算是基于互联网的相关服务的增加、使用和交互模式，通常涉及通过互联网来提供动态易扩展且经常是虚拟化的资源。美国国家标准与技术研究院指出，云计算是一种按使用量付费的模式，这种模式提供可用的、便捷的、按需的网络访问，进入可配置的计算资源共享池（资源包括网络、服务器、存储、应用软件、服务），这些资源能够快速被提供。大数据则是指无法在一定时间范围内用常规软件工具进行捕捉、管理和处理的数据集合，需要使用新处理模式才能具有更强的决策力、洞察发现力和流程优化能力的海量、高增长率和多样化的信息资产。在区域或者城市范围比较，云计算、大数据反映了快速和大规模获取、加工、处理信息的能力。云计算被用于云物联、云安全、云存储、云游戏等领域，而大数据在城市规划、社会治理、医疗卫生、犯罪预防、市场营销、风险管理和企业转型等方面均有非同寻常的意义。在我国，贵州省作为一个不发达地区，其通过高水平发展云计算、大数据产业，推动了经济快速发展，成为不发达省份以少数产业获得竞争力提升的典范。

应将云计算、大数据及其相关产业作为贵港市引进和重点支持方向，建设区域性数据中心，以大数据及云计算开发应用为核心，构建云计算大数据产业链。引进一批国内外知名的云计算和大数据企业；建设具有较高水平的应用示范；实施一批行业的核心技术；打造引领发展云计算的服务平台。建设了贵港市电子政务云中心，整合全市各单位的信息化应用系统。打造全市协同办公系统、行政审批系统、大数据服务平台等政务应用系统。依托"中小企业孵化微型云计算中心"和"中小企业 IT 服务云"等项目，推动云服务模式在开发区电子政务、安全服务、城市安防、医疗、教育、人才、劳动保障等领域率先开展试点。

推进重点领域大数据高效采集、有效整合、公开共享和应用拓展，着力提升大数据专业化增值服务，构建覆盖产品全生命周期和制造业全业务活动的工业大数据平台，推进数据库、数据安全、数据分析、数据挖掘等关键技术的研发与应用。要把大数据作为基础性战略资源，鼓励公众对开放数据进行增值性、公益性、创新性开发。加强数据安全、隐私保护等关键技术应用，形成安全可靠的大数据技术体系。建立完善网络安全审查制度。

三、打造具有地方特色以生物医药产业为主体的大健康产业集群

定位：夯实生物医药基础，充分利用养生环境，更好利用先进的专业化医疗手段，打造桂东南具有综合优势、以生物医药产业为基础的大健康产业基地。具体措施如下：

第一，应积极发展生物医药产业。广西的医药产业在全国具有一定知名度，医药工业规模也比较庞大。应该通过招商引资和自主努力，把贵港打造成桂东南地区新型的生物医药产业基地。引进在国内具有一定知名度和影响力的中药和中成药生产企业如冠峰制药公司、神农药业公司、石家庄制药集团、海南新世通集团，利用贵港及周边地区的动植物资源，生产立足华南、面向全国、扩展东南亚的中成药制品。同时，积极促进本地企业做大、做强。支持像源安堂这样的本地医药企业自主开发新产品，并在产品研发、临床试用、新产品批准等方面提供协助，促进本地医药企业做大做强。鼓励本地医药生产企业对中草药资源进行成分分析和再提纯，打造原材料—初加工—精深加工—药品、保健品—废弃物资源化利用为主的生物医药产业链，开发更具效率与活力的中药产品。

第二，从休闲养生的角度出发，面向国内外市场，积极利用贵港丰富的山区、平原、河流资源，发展养生旅游业。

第三，促进本地医疗体系的科技人员进行医疗设备、医疗技能的创新性开发，为更多患者提供专门化的医疗服务。贵港的医卫界在 3D 器官打印、器官移植等方面具有一定的创新性成果，在广西具有良好知名度与影

响力。应该加大医疗卫生科技创新的支持力度，支持贵港的医疗机构与有兴趣的企业跟踪发展智能医疗，促进贵港的医疗机构在不断创新的同时注重成果转化与应用。

通过三方面资源的合理开发和优势互补，强化贵港旅游保健养生医疗对国内外游客的吸引力，不断提升大健康产业的综合产出效率，打造贵港产业新亮点。

四、打造立足广西面向"一带一路"体现专业化分工特色的装备制造产业集群

定位：积极融入国家高端装备制造业发展政策支持覆盖范围，加强市场调研，把现有装备制造业转型升级和引进发展高端装备制造业结合起来，瞄准西南和华南市场，并积极开拓国际市场，打造先进装备制造产业基地。

第一，加快船舶制造业转型升级。

进一步调整结构，加强技术改造与升级，打造广西船舶制造重要生产基地。随着市场供求关系的转变，船舶制造业优胜劣汰的速度加快，贵港传统的船舶生产模式需要转换，应该积极面向市场需求与政策需求，加快船舶生产的结构性调整。一是转变生产方向，瞄准国家政策支持的战略前沿，把船舶生产与国家海洋产业发展结合起来，积极开发海洋探测与调研用船只。比如，可以考虑面向海洋产业的物探船、海洋调查船，并为海洋工程装备和海洋探测工程机械提供配套设施；二是像西江重工一样，加紧船舶产品的转型升级，积极开发具有市场需求、能够发挥企业优势的 LNG 液化石油天然气船、LNG 双燃料动力船；三是面向分化的市场，开发适销对路的船舶产品。应该积极发展工程船舶、公务执法船、高速客船、客滚船、运动休闲船舶等，扩大市场影响力；四是加紧与大型造船企业结合，形成利益共同体，参与大型船舶生产的零部件生产，形成专业化合作态

势；五是参与"一带一路"建设，积极开发水域较广、河湖海资源丰富的东南亚和南亚市场，为贵港船舶制造业开拓国际新局面。

第二，突出发展航空装备制造业。

利用国家支持航空工业发展的政策优势，塑造广西航空装备制造新优势。加强与国内外知名航空装备生产企业的合作，引进发展轻型飞机生产组装线以及机载设备、起落架、承力框、发动机等关键部件，争取让航空装备制造业有从无到有、从小到大的突破。

第三，重视发展仪器仪表、导航设备、印刷设备及农用机械等通用制造业。

根据市场需求变化，发展具有本地特色、能够满足西江流域一定范围市场需求的日用及通用制造业产品，建设具有多元化形态的制造业基地，满足不断变动的细分化市场需求。比如，进一步引进木材机械设备项目，推动木材加工业的机械化和自动化。

五、积极发展废旧机电产品回收拆解再利用为代表的节能环保产业集群

定位：广西重要的机电产品回收基地，桂东南最具影响力的循环型产业发展基地，贵港战略性新兴产业新增长点，争取成为广西再制造产业示范基地，并积极建设贵港机电产品再制造园区。

废旧机电家电产品的回收利用属于节能环保产业，而节能环保产业是被国家确定的战略性新兴产业。随着生产者责任延伸政策逐步从研究走向实际应用，未来将要求新能源汽车、造船、电子产品等生产企业对消费者提供全周期的服务，在保障消费者利益的同时保护生态环境，废旧汽车、废旧电子产品、废旧船舶等回收再利用将成为贵港产业发展再循环的关键领域。

因为日本矿产资源有限、地域范围较小，环境承载能力较差，因而在

工业化达到一定规模后，十分重视废旧机电产品的回收再利用，并且形成庞大的城市矿山产业，从废旧家电拆解中获得各类金属材料、稀有金属，实现资源的再利用，在废旧机电产品回收再利用领域走在国际社会前面，值得贵港学习与借鉴。

建设贵港市再生资源产业集聚区。积极落实国家绿色制造的规划与政策，加快推动再生资源的高效利用及产业规范发展。围绕废钢铁、废有色金属、废弃电器电子产品、报废汽车、废旧动力电池等主要再生资源，加快先进适用回收利用技术和装备推广应用。推进再生资源跨区域协同利用，构建区域再生资源回收利用体系。落实生产者责任延伸制度，在电器电子产品、汽车领域等行业开展生产者责任延伸试点示范。

应该学习借鉴好的国内外机电产品回收拆解再利用经验，促进行业秩序逐步规范，定期发布符合行业规范条件的企业名单，培育再生资源行业骨干企业。在生产环节考虑回收处理的要求，加强科学设计，减少回收后的拆解成本；加强机电产品生产、销售、回收全过程服务，为消费者提供更便捷、更舒适、更优质的服务；把机电和家电产品销售网络与废旧家电回收网络结合起来，推动销售与回收双向物流体系建设，促进销售—回收物流资源的合理利用；建立合理的回收拆解与再利用体系，推动废旧机电电器电子产品拆解产物规模化、规范化、增值化利用。

与此同时，应跟踪国际技术变化趋势，加强机电电子产品的再制造技术研究与应用推广；遵从再制造的技术标准、安全标准与作业程序，开展发动机等高值零部件再制造。建立再制造旧件溯源及产品追踪信息系统，推动汽车、船舶、电子产品等再制造产业规范发展。

第五节　进一步推动传统制造业转型升级

按照国家"十三五"规划的整体要求，加强传统制造业的转型升级，发挥传统制造业在提供税收、带动就业、活跃经济的积极作用。积极实施多行业重大技术改造升级工程，重点突出食品加工、木材加工、非金属矿物制品业等支柱产业的技术改造，瞄准国内外同行中质量优异、效益优异、技术优异、管理优异的企业进行对标，寻找差距。从而发现贵港传统制造业的突破口和路线图，扩展黑色金属冶炼与压延加工、化学制造、造纸、服装产业的已有优势，补短式地来发展家具制造、电气机械及器材制造等产业，不断扩大和提高贵港传统制造业的市场竞争力，打造传统制造业升级贵港版，使传统制造业继续成为支撑贵港制造业做大做强的重要基石。

一、集约发展木材加工与纸制品业

充分利用西江流域适合生产速生树木的有利条件和贵港木材集散地的有利区位，深化木材加工，分档次开发木地板、胶合板、竹材等产品，延伸开发各种类型的木家具，提高产品的技术含量与附加价值，建设广西境内最大、并且在全国有重要影响力的林板生产加工基地和智能家居基地。积极开发环保型高附加值人造板材，重点向建筑、包装、装饰、车船制造等领域拓展；进一步推进高附加值耐久性竹质工程材料的开发利用；合理控制人造板材的生产，确保木材资源的有效利用。积极引进外地企业生产木质门等产品，未来还可以考虑开发木质美术工艺品。巩固发展具有地方特色的竹藤制品；鼓励发展竹纤维、现代竹质建筑构件等高新技术产品的开发利用；积极开发竹副产品。加强木材加工企业环境污染整治和扬尘治理，维护工作环境安全。优化纸业生产结构，注重发展附加价值高的高档用纸，提高纸业废弃物利用水平，减少污染物排放。

二、补短式发展家具制造业

我国人口众多，两广地区又是人口相对密集区域，因此，家具制造业发展具有广阔空间。贵港拥有木材资源和木材加工的优势，但下游家具制造业一直没有发展起来，其原因在于广东先行成为规模庞大相对成熟的国际家具制造基地。玉林市的家具制造业也相对发达，但贵港还具有物流方面的优势可以利用。从资源合理利用角度看，贵港可以吸引广东的家具制造商到贵港投资建设生产基地，同时，利用贵港的物流优势加强与广西沿边地区的互动，争取在贵港形成红木家具与普通、高档家具的产品组合，提高贵港在家具制造业领域的市场竞争力。尤其是要跟踪和关注国际家具制造领域的最新技术、创新成果。一些国外学者已经通过试验，抽取出木材中的部分木质素，同时对木材进行致密性紧压措施，达到了木材厚度大幅度减少，但密度、硬度大幅度提高的结果。可以设想，未来此类技术如果被用于家具行业，可以大大地提高家具的使用寿命与安全性。如果类似技术能够率先应用于贵港家具制造业，就可以先行一步，以新产品打开市场，从而建立起此类产业的竞争优势。

三、优化发展纺织服装与皮革业

加快推进现有皮革制品制造项目技改升级，利用先进工艺设备，大力发展皮革服装、皮箱及包（袋）、皮装饰品等制造。在保护环境的基础上着力扶持和加快港南皮革城工程的筹建工作，积极为投资商排忧解难，推动皮革城建成投产，加强皮革生产加工企业的招商引进工作，加快引进和承接皮具、箱包、汽车内饰、皮草等产业国内转移步伐，积极发展皮具箱包产业，尽快形成完整的产业体系和产业集群。

充分利用贵港羽绒制品丰富优势，重点进行羽毛（绒）加工，积极发展羽绒服装、羽绒寝具等羽毛（绒）制品加工，提升产品附加值，进一步延伸产业链条。增强龙头企业扶持力度，强化羽绒龙头企业的引领集聚带动和市场开拓作用。尽快解决部分已经选址立足发展实体经济企业的用地指标问题，使得羽绒产业建设项目尽快落地。

利用好服装行业的优势，进一步优化服装生产结构。要积极发展中高档服装加工业，把加快培育本地知名品牌和开拓国内外市场结合起来，提升服装行业的市场影响力。

加强羽绒与服装行业的横向整合，加大研发力度，提高羽绒产业的附加价值，集约建设好服装产业园和羽绒加工产业园，尽快扩大产业整体规模，加快纺织羽绒服装业集群的形成，打造贵港轻纺工业增长的新亮点。

四、转型发展农副产品加工业

把广西著名粮仓、农业历史源远流长、农副特产资源十分丰富等资源优势与人文优势转化为经济优势。围绕贵港西山茶、富硒大米、淮山、腐竹、米粉等特有产品，积极发展特色农产品和大宗农产品深加工项目。

继续采用大力发展粮油加工业、肉禽加工业和富硒特色食品业，适当发展饮料制造业，巩固提升甘蔗制糖业的策略。具体来说，要重点开发优质、安全、方便、营养的各类大米食品及稻壳、米糠的综合利用，支持营养健康型大米及制品的开发生产和挤压膨化技术、微波技术、速冻技术在食品加工中的应用等，开发具有特殊功能的健康休闲食品；积极引进利用肉禽机械化屠宰与加工技术、调制肉制品和发酵肉制品加工技术，加快发展猪肉、禽肉等深加工制品；重点发展亚热带水果果汁、蔬菜汁饮料产业，适度发展白酒产业；积极采用生物技术，加强科技研发，重点开发平南石硖龙眼、玉桂以及桂平西山茶、香米、荔枝、淮山、黄沙鳖等特色农产品资源，生产具有特色的保健品、食品等特色农产品加工；重点开发生产金砂糖、风味绵糖、糖霜、风味液体糖浆、风味糖蜜、彩色装饰糖等特种糖，加快营养强化糖、医药级蔗糖等高附加值特种产品研发，积极利用制糖产生的副产品进行纸制品生产。

应引导农副产品加工业向特色产业园区有序集中，积极鼓励加工型企业采用先进高效的新工艺、新技术、新设备，重视延长农副产品加工产业链，积极打造粮油种植—加工—废弃物利用产业链、甘蔗—多功能糖果—造纸—废渣酿造利用产业链、富硒茶叶种植—茶饮料—茶食品产业链、蔬果种植—加工—有效成分提取—废弃物利用产业链、畜禽养殖—屠宰加工—冷链物流—废弃物利用产业链、水产品养殖—初级加工—有效成分提取—调味品产业链。并主动开发富硒大米、富硒茶、富硒藕等瞄准需求高端的特色农副产品，提高贵港农副食品加工附加价值，积极建设面向珠三角的绿色食品供应基地和贸易物流中心。同时，利用好畜禽屠宰加工基础，积极构筑冷鲜分割肉—调理肉食品—预制肉制品—熟肉制品—休闲肉制品产业链。

五、深度发展建筑材料工业

要利用大企业品牌，精心打造广西优质优势水泥生产基地。积极利用好华润、台泥等知名企业的规模优势、技术优势和品牌优势，按照市场化规律加强企业资源横向整合，积极采用先进的干法生产水泥方式改造、淘汰落后的立窑生产方式，加强对废渣的利用，进一步改善和提升贵港水泥生产企业的市场形象，扩大贵港水泥的市场覆盖范围，建设华南重要的水泥加工基地。

在陶瓷产业发展上，在利用好贴牌资源的同时，积极发展自主品牌，开发多样化的陶瓷产品，尤其是要注重拉开卫生陶瓷生产档次，开拓艺术陶瓷、装饰陶瓷灯新型市场，重点发展薄型陶瓷板、干挂多孔陶瓷板、轻质陶瓷板、透水砖、红坯仿古砖、抛光砖、陶瓷内墙釉面砖以及陶瓷仿古砖等功能化、高附加值新型建筑陶瓷产品，积极推进 150 万平方米/年及以上、厚度小于 6 毫米的陶瓷板生产线和工艺装备技术开发与应用以及一次冲洗用水量 6 升及以下的坐便器、蹲便器、节水型小便器。积极淘汰落后生产能力，加快陶瓷产业升级换代。

六、高端化发展冶金制造业

立足于建设西江流域冶金产业基地。要适应钢铁工业变化的需求和国家去产能发展面临的形势，充分利用贵港的区位优势与营商环境。并在重视资源节约与环境保护的基础上，进一步推动钢铁企业进行技术改造与升级，降低钢铁工业成本，开发更加适销对路的钢铁产品，在过剩市场中寻求钢铁产品的新定位、新优势。鼓励更多的企业采取贵钢从转炉改电炉的转型模式，注重引进国内先进的技术团队，注重矿石选用、炉内料配置结构和流程的优化，提高生产运输环节的自动化配置水平，缩短冶炼时间，提高企业生产效率。要充分利用贵港临水、铁路公路交通便捷、资源环境承载能力较强的特点，引进河北、天津等地的钢铁企业在贵港设立分支机构或者转移生产产能，适度打造钢铁制造产业集群。强化冶金工业技改整合和优化升级，着力延伸产业链，扩大产品体系和种类。港北区重点发展钢铁、铜、铝生产加工和精深加工；桂平市着力发展铁合金和锰合金深加工。

此外，虽然贵港冶金工业具有一定基础，但是下游的金属制品业却相对薄弱。为更好地实现全产业链的发展，应该适度重视金属制品业的发展。

七、精深发展化学工业

集约发展精深化工产品，推动化工产业面向专业化产品市场需求，提高贵港化工产品的竞争力，更加注重发展生物化工与精细化工行业，重视开发独特产品和培育贵港名牌以增强企业的独特竞争力。稳步发展生物发酵产业，重点发展乙醇系列、环氧乙烷系列、酵母系列、酶制剂系列产品，并以发酵、提取产品为原料继续拓展产业链条，发展市场前景好、需求量大的高附加值精细化工及循环经济产品；充分利用动植物资源，加快发展香精香料以及黄酮类化合物、果胶及多酚化合物、桉树油、茶多酚、食用胶原蛋白、食用明胶等生物的提取。化工产业应该遵从产业发展布局规律，相对远离主要河流和加强安全生产管理，加强循环产业链条建立和延伸，更好地利用生产废弃物和减少污染物排放。

八、引资发展电气机械及器材制造业

电气机械及器材制造业产业链条长、产品类型多，与国计民生关系较大，技术密集程度较高，可以体现城市制造业发展能力与水平。电气机械及器材制造业包括电机制造业、输配电及控制设备制造业、电工器械制造业、日用电器制造业等，具有一定的参与空间。

广东省是全国电气机械与器材制造业最发达的省份之一和全球著名的电气机械与器材制造产品出口基地，有着贵港引进发展的丰富资源，电气机械与器材制造业行业市场需求量大，可以选择市场集中度不高的产品类型，加强招商引资工作，在产业引进中加强技术改造，并重视智能制造技术的应用，以提高生产效率与产品质量，尽快在电气机械及器材制造业领域的发展取得突破。

第六节　谋划发展未来产业

提高贵港制造业竞争力不仅需要着眼于已有产业，还应该谋划未来产业，拥抱产业发展的新蓝海，为未来竞争力的提升与扩大打好基础。一是重视发展具有资源优势但现在还未得到开发的高附加价值资源加工型产业；二是发展贵港市已经具有一定产业优势但是产业融合还不够高的高端

产业；三是发展具有市场优势和政策优势但是在贵港的产业优势还未形成的产业。

一、适度开发稀土资源积极发展新材料产业

稀土素有"工业黄金"之称，在冶金、石化、玻璃陶瓷、新材料等方面应用广泛。贵港拥有丰富的稀土资源，可以满足长期开发的需要。按照国家对稀土资源的管理要求，加强对连片分布的稀土矿山进行严格保护。但是，可以考虑对分散、斑块状的稀土资源进行适度开发，延伸发展新材料产业，为国民经济尤其是国防建设提供新材料产品，满足贵港制造业进一步做大做强的要求。稀土资源的开发，可以随着国家航空航天和军备产业发展需要，稀土开发和新材料发展的空间将进一步打开。贵港应有所准备，超前谋划，为未来建设"南方包头"奠定基础。

应面向世界新材料领域产业竞争和国家重大需求，积极组织产、学、研、用联合攻关，建立稀土资源高效开发利用工程技术研究中心，建立自主创新高地、技术孵化高地和成果推广应用高地，形成中国南方重要的从地质勘探、矿山采选、冶炼加工、复合材料和新材料深加工、检测检验、研发设计的稀土产业链。要着力完善新材料产业链，加快推进稀土新材料产业高端化；组织开展稀土功能材料技术攻关，向国内外市场提供高端新材料产品；可以借鉴国内其他稀土新材料发达地区的开发经验，加快发展高效、低成本、节能环保型复合材料。加紧各类创新型企业、技术、资本、人才的集成，建立并高效发展新材料产业聚集区甚至稀土应用高新技术产业化基地。

二、加大力度发展智能制造产业

积极跟踪智能制造产业的发展趋势，采用成熟的智能制造技术，积极

开展对传统制造企业的生产装备、生产车间、操作系统、管理体系等智能化改造提升。积极将机器人技术应用于现代制造业发展中，优化制造业生产流程，提升制造业产品的精度，节约劳动力成本，更好地提高经济社会效益。汽车产业、电子信息产业都是机器人可以应用的重要领域，也是贵港的优势产业，可以扩大机器人的应用范围。鼓励和支持有条件的企业通过新建、改建或扩建的方式，高起点、高标准建设智能工厂和数字车间。引进培育智能制造领域龙头企业，发展壮大企业品牌。同时，考虑汽车、船舶等产业的发展需要，积极开发车联网、船联网等与智能导航相联系的产品制造。

三、重视发展军民融合发展产业

随着军事工业品需求的扩大，未来较长一段时期的军品市场的重要性将日益突出。贵港市位于中国南方，驻军对军民两用产品的需求较大，可以面对军队需求，积极开发军工产品市场，促进军地资源开放共享和军民两用技术相互转化应用，发展军民两用产品。在军队改革开放民用产品市场进入中，贵港的各类制造业企业都积极作为，实施区域关键技术产业培育工程，发展军民融合式产业和基地，创建军民融合创新示范区。要适应军民融合发展新的政策需求，加大市场调研，积极引进军工企业和民用企业，加强民参军、军转民方面的政策研究与产业研究，统筹推进基础设施、产业、科技、信息、教育和公共服务等重点领域军民融合发展。可以选择既具贵港产业优势、境内和周边部队又有需求的军用车辆、军装、药品、食品等作为重点，加强部队与地方供需保障的一体化衔接，在满足安全需要前提下促进军队物流与地方物流衔接，开辟军民融合产业后备基地，为未来军民融合产业的发展奠定基础，使贵港成为广西军民融合产业发展的重要基地之一。

四、高效发展石墨烯产业

由于石墨具有特殊的结构，有耐高温性、抗热震性、导电性、润滑性、化学稳定性以及可塑性等众多特性，一直是军工与现代制造业与高新技术产业不可或缺的重要战略资源。石墨烯作为先进碳材料，具有超薄、超轻、超高强度、超强导电等特性，是推动战略性高新技术产业发展的关键材料。研究表明，石墨烯可以广泛用于智能手机、新型显示、锂离子电池、太阳能光伏、储氢材料等领域。国内一些城市车辆使用的电容器，就采用了石墨烯作为材料。研究表明，在锂离子电池材料中加入石墨烯，可以大大提高储能导电效率。国家战略性新兴产业发展规划提出，突破石墨烯产业化应用技术，形成一批具有广泛带动性的创新成果。石墨资源作为碳类资源，主要储藏在煤炭资源相对丰富的地区。贵港市可以考虑争取得到自治区的支持，加强与国内重点大学和研究机构的对接，积极推进石墨烯应用的试验示范，开展石墨烯技术应用性研究和产业化转化，在输入资源深化加工中促进石墨烯产业链规模化发展。尤其是要突破共性关键技术，突出锂离子电池石墨电极、储氢材料的开发方向，寻求石墨烯产业与贵港新能源汽车、手机产业的结合点，实现石墨烯与新能源汽车、电子信息产业的融合发展。

五、跟进发展碳纤维产业

碳纤维作为重要的新型复合材料之一，被广泛运用于航空航天、汽车轻量化、工业智能化、核能利用、海洋工程、军事工业、医疗器材等方面，发展潜力巨大，被誉为"黑色黄金"。《中国制造2025》把新材料作为重点突破的十大高端领域，其中提出预计2020年国产高强碳纤维及其复合材料技术成熟度将达到9级，实现在汽车、高技术轮船等领域的规模应用。此外，《"十三五"国家战略性新兴产业发展规划》和《新材料产业发展指南》都明确提出要发展碳纤维产业。

广东、山东、浙江、江苏、吉林等省份都十分重视发展碳纤维产业，技术研发也取得了一系列突破性进展。在深圳的无人机产业大发展中，碳纤维产品得到了广泛使用，展示了其良好的产业前景。从国内该产业本身进展看，在聚合、纺丝、预氧化、炭化和表面处理等工序，无论是工艺技术还是设备开发以及配套材料，都取得了不俗的成绩，与国外生产的技术差距与能力差距明显缩小。

在贵港碳纤维产业的发展上，也应该立足于引进发展模式，建设碳纤维完整的产业链，积极推动标准化建设鼓励碳纤维领域的自主创新，拓展高端化专业化应用方向；推进军民融合，推进民品开发和军工科技成果转化。

六、伺机跟踪发展"人工智能+制造业"

人工智能是全球创新关注度最高的研究领域，未来也将是全球制造竞争的前沿领域。无人驾驶汽车已经出现，智能发动机、智能家居、智能学习、智能识别等方面的进展也十分迅速。华人，尤其是中国学者在这一领域的创新走在前面。谷歌公司的权威专家指出，中国可能会在人工智能上后来居上，在2030年可能将形成超过美国的优势。李开复的《在人工智能时代，中国与美国谁的机会更多?》，对此进行了进一步说明。李开复认为，未来10年，中国的无人驾驶汽车就可以取代司机的工作，而美国则需要15~20年，显示中国在此领域技术进步更快。为此，李开复提供的一组数据，说明中国人在这一领域的学术研究进展。以前中国在人工智能方面产生的成果很少。但在2006~2015年，原有格局开始扭转。华人作者参与的顶级 AI 论文，占全部顶级 AI 论文数量的比例从 23.2% 提高到 42.8%；华人作者参与的顶级 AI 论文被引用次数占全部顶级 AI 论文被引用次数的比例从 25.5% 递增到 55.8%。

中国人不仅擅长从事创新性研究,还有较好的商业化开发转化能力、较强的资源组合能力和政策动员能力。2010 年,中国提出要成为高铁的领先者时,世界各国半信半疑,到 2019 年,中国兴建的高铁占全世界的 60%。根据《新一代人工智能发展规划》,中国提出 2020 年人工智能技术与世界先进水平同步。预计到 2030 年成为世界主要人工智能创新中心。"人工智能+制造业"将成为未来制造业发展的重要趋势。

贵港已经在战略性新兴产业发展上有了较好起步基础,尤其是已经引进发展了可穿戴电子产品,应该积极关注人工智能领域的进展,像发展新能源汽车一样,保持对人工智能的兴趣,一旦"人工智能+制造业"的各个领域取得进展,就快速行动以速取胜,尽快形成新产业生产能力,不断提升贵港战略性新兴产业的领先水平。

第七节　不断优化制造业区域布局

在珠江—西江经济带的发展中,要强化贵港—西江经济带重要核心区战略意识,全面融入西江经济带建设,着力培育高动能成长要素,增强发展的主动性和创造性,运用各种有效手段,推动南宁、柳州、广州、贵港四城市互动合作,在构建支撑西江经济带开发建设的"核心三角"中以"三核互促"集聚辐射拉动能力强化贵港制造功能,提升贵港在西江经济带和广西发展中的地位。

遵循产业发展规律、城乡发展规律与区域经济发展规律,推动产业向城镇集中,物流向交通线集中,制造向园区集中,配套向核心企业集中,提高贵港制造业区域布局效率,使贵港制造业的小布局对广西—西江经济带的大布局起到重要支撑作用。

一、构筑核心引领、轴向延伸、区县分进、小镇支撑的区域基本格局

"核心引领"就是在尊重市县自主发展规律的基础上，适度突出贵港市区在全市工业中的引领作用，打造市域内工业发展核心板块，强化中心城区的核心地位和多元功能，提升中心城区产业层次，促进优势产业集聚和转型升级。充分利用交通运输基础设施完善等特点，集中各类政策资源密集性发展新能源汽车、电子信息产业、生物医药产业，形成规模优势、集聚优势和技术优势，造就战略性新兴产业大投入、大集中、大融合的局面，以更好地集聚资源和利用好市区的基础设施和科技资源，促进战略性新兴产业加快发展，尽可能扭转市区在全市制造业地位下降的格局（见表6-4）。发挥贵港地市一级政府行政资源动员能力强的优势，发挥核心区对全市制造业的产业带动作用，加强贵港市区与桂平、平南之间的产业分工，促进分工基础上的产业集群集聚发展。

表 6-4　贵港市工业地区变化趋势

区域	2009 年		2015 年	
	工业增加值（万元）	所占比重（%）	工业增加值（万元）	所占比重（%）
港北	259959	17.83	265072	9.32
港南	189415	12.99	229251	8.06
覃塘	180154	12.35	377620	13.27
平南	309649	21.23	697413	24.51
桂平	519138	35.6	1275522	44.84

资料来源：《贵港统计年鉴》（2010~2011）（2016）。

"轴向延伸"就是按照贵港市东西分布的基本区位，沿着西江和高铁东西向布局制造业，依托河流与铁路运输线，把打造流域经济带与高铁经

济带结合起来，形成制造业基地梯次分布、横向连接的空间格局。要把贵港市东进战略与珠江三角洲产业扩散的西进战略结合起来，使贵港制造业带成为西江经济带的重要支撑。市区的制造业力量东进，有助于帮助相对弱小的区县做大做强；珠江三角洲的强大制造能力向西延伸，有助于桂平、平南两地更好地利用珠江三角洲的资本与技术。在跨区域的东西互进互补、市区向东、珠三角向西制造业延伸和辐射中，促进形成贵港市制造业较为平衡、各尽所能的发展布局。

"区县分进"就是把贵港市区和市县的积极性都发挥出来，形成发展贵港市制造业的合力。"分"强调分工，体现差异化发展；"进"强调各自努力，积极作为。贵港市三区两县的行政管理框架，单靠市级政府发展制造业不能满足制造业的发展需要，还必须动员区、市、县政府积极发展辖区制造业。充分利用贵港市土地面积庞大、资源类型多样、可以用于工业园区建设要素丰富的有利条件，引导区县两级政府积极发展具有比较优势的产业，建立各自的工业园区，形成一定的分工合作关系。覃塘、港南、港北要以战略性新兴产业为主体，提升贵港城区产业发展技术密集度，大力发展高新技术产业和先进制造业。县要以传统产业转型升级为重点，把提升质量、塑造品牌、采用标准、拓展市场作为重点工作内容。在区县之间各行职能、各司其职的基础上，增强贵港制造业在宽领域、广区域的影响力。

"小镇支撑"就是最基层小城镇聚集人口和发挥产业作用，因地制宜地发展资源加工业，促进特色小镇、集镇发展劳动力密集型加工业。贵港市地域辽阔、人口较多，尤其是农村人口数量相对较多，人口城镇化比重相对较低，未来必须通过小城镇吸纳部分农村劳动力转移，以集镇、中心镇的城镇化支撑全市城镇化。而乡镇城镇化水平提高，必须要以有效提供充足就业的产业发展为前提。为此，必须发展像木乐、桥圩、江口、蒙圩、丹竹、大安等专业镇为基地，建立起一批具有专业化生产能力、工贸优势明显、竞争优势突出的特色产业小镇，主要发展资源转化、零部件制造、手工艺品制造、精致加工、商贸物流、特色旅游等产业，积极塑造区域品牌，提高区域专业化分工水平，丰富和深化贵港制造的内容与形态，以特色产业小镇带动城镇经济的发展和就业。

二、突出专业分工、高端指向、优势互补、协同发展的园区发展方向

根据贵港产业发展的基本态势，应该进一步明确园区发展中的分工合作，制定好各个园区的招商引资产业目录，促进各个园区构筑专业分工、各展其长、优势互补、协同发展的格局，在区域布局调整与优化中，促进贵港制造业做大、做强。

以产业空间集中化、发展集群化、项目集聚化、要素使用集约化为宗旨，紧紧围绕重点产业合理配置生产要素，引导相关产业向工业园区集聚，科学引导零散工业点有序向工业功能区集聚，严格控制园外现有零散工业点继续扩大，集约资源、优化土地开发利用模式。尤其是应推进桂平市、平南县制造业向各自所辖园区集中，提升产业配套能力，构建全产业链发展格局。

依托各工业园现有产业基础及资源禀赋，对地理相邻、产业相近、基础设施可配套的分园区进行资源整合，实施联合开发建设，减少区块数量，扩大总体规模，提高资源配置效率，培育打造特色鲜明的"区中园""园中园"以及专业化特色园区，集聚发展特色优势产业。与此同时，要大力发展专业园区，各园区在产业发展的方向上要错位发展。调整优化园区布局，加快贵港城区企业搬迁步伐，采取适当措施来鼓励大中型企业实施"退城进园"，加大知名企业和项目的引进力度。

从贵港市区园区与市县园区的目标市县来说，各个市县园区都有提升贵港制造业竞争力的责任。但从资源配置和相互分工来看，贵港工业园区可以突出"做强"的责任，而其他园区则突出"做大"的方向。在产业园

区分布的基础上，加强分工协作，共同把贵港市制造业做大做强。

以贵港工业园区为核心，整合市区的园区资源，突出建设"贵港高新园区"主题，围绕建设省级乃至国家级高新技术产业园区目标，统一规划，形成一体化布局，在贵港市市区集聚重要的战略性新兴产业、高新技术产业、高端制造业，推进港南、港北、覃塘三园融合发展。贵港高新园区坚持高质量发展的方向，引导战略性新兴产业、高技术产业，尤其是电子信息产业、新材料中的高端产业逐渐向贵港产业园区集中。比如，引进的电气机械与器材制造业新项目，原则上也应向贵港高新园区集中。机电类可以与新能源汽车和形成生产互补的配套厂商，可以向贵港高新园区集中。从未来高新区建设角度，可以把皮革产业迁移出园区。突出制造业的技术领先性与高效性，可以在电子信息或者新能源汽车生产中增加智能制造生产线；树立质量、品牌、标准意识，鼓励企业申报专利、争取国家和自治区级的研发项目；对于有较强研发能力、有自主知识产权的大中型项目，原则上优先放在贵港高新园区。应提高投资强度与投资密度，"不仅要算总产量，而且要算亩产量"，扎实做好贵港工业园建设的基础工作。

以桂平长安工业集中区为基础，打造自治区级以上经济技术开发区。积极发展依托交通干线和港口优势，加大东部产业转移承接力度，重点打造新型建筑陶瓷生产基地、生物化工产业基地，同时，大力培育和发展战略性新兴产业。把桂平长安工业集中区打造成桂东南区域发展次中心，广西西江新兴工业走廊上集研发、制造及现代服务业于一体的工业重要增长极。

依托平南工业园，打造自治区级经济技术开发区。借助西江经济带建设与"十二五"粤桂战略合作发展，依托平南特色资源条件、产业基础及区位交通优势，积极承接东部产业转移，辐射带动周边小城镇工业发展。同时，重点打造新型建材、保健品、食品等特色制造业基地，积极培育和发展战略性新兴产业，将平南打造成为贵港临港临江重要的特色加工工业区和承接东部产业转移的前沿阵地。从新材料产业发展对贵港工业园区从规模到技术的支撑看，未来可以在平南新增一个新材料工业园区，作为贵港高新区一区多园的支撑园区。

当然，园区功能划分与专业化只是一个粗略的框架，详细的园区功能设置需要专门的园区发展规划进行。不过课题组认为，就全国各地而言，园区功能设置与产业区分都是框架性的，在实施过程中并不完全绝对，许多高新区内都有食品、饮料类产业。鉴于各个园区有自己独立的利益，有自己的政绩目标，食品加工、制药类中小型生产企业技术领先性不高、协作关联度也不大，通常各个园区发挥自主性与积极性自主引进、自主设置，应在鼓励各个园区做好内部功能区规划的基础上，给各个园区以自主发展和安排产业的充分空间。

三、向创建国家级高新区方向努力

从贵港市的发展方向与前景看，应该对标国家级园区建设标准，高水平规划、高水平建设好高新技术产业开发区，争取在 3~5 年建成自治区级高新技术产业开发区，再经过 10 年时间努力，争取到 2030 年建设成国家级高新技术产业开发区，进一步强化高端制造业、高技术制造业对贵港经济社会发展的支撑程度，促进贵港制造不断迈上新台阶。

创建国家级高新区，需要几个重要的约束性条件，需要贵港对标国家标准，加大努力程度。具体如下：①已经成立的高新技术产业开发区要经过国家发改委核准列入《中国开发区审核公告目录》，在评价和升级高新技术产业开发区之前，前提是先符合这一标准，没有进入目录的不能作为考核对象。所以需要贵港市具体了解进入国家发改委《中国开发区审核公告目录》的进入条件和具体要求，尽快努力达到进入目录的条件。②提出建设高新区的技术标准。贵港市应加强与国家高新区建设的相关规范与标准对标，不断地加强弱项，缩小与国家级高新区发展的差距。目前，科技部火炬中心采用《国家高新技术产业开发区评价指标体系》，主要由 4 个一级指标和 40 个二级指标构成。4 个一级指标分别为知识创造和技术创新能力、产业升级和结构优化能力、国际化和参与全球竞争能力和高新区可持续发展能力。二级指标中 32 个是定量指标，占比权重 80%，主要源于统计数据，反映区内企业群体发展状况；还有 8 个定性指标，占比权重 20%，主要源于调查表和年度总结，主要表征高新区管委会所作所为及其工作绩效。对于贵港市来说，建设高新区当前更需要做大规模，提升园区的经济与社会影响力。而且高新区的建设有规模要求，虽然这一要求硬约束不严，在不发达地区会略微放宽，但是扩大规模应是今后一段时期的重要任务。同时，必须要有一批科技型中小企业做支撑。因而，贵港市必须进一步放宽准入标准，促进中小科技型企业发展。③积极优化园区发展结构。建设高新技术产业开发区，已经日益具有土地利用和资源环境保护的要求。有关部门应该按照国土资源部与生态环境部对高新技术产业开发区的建设要求，强化责任约束，进一步打造资源集约利用与绿色生态发展的高水平园区。为此，需要积极淘汰落后产能，把技术层次一般的产业转移到桂平和南平；积极提高市区园区的技术密度与投资密度，进一步提高对园区土地的利用程度。

在具体建设步骤上，可以分步实施，逐步趋于发展目标。第一步，先挂牌成立市级高新技术产业开发区，这应该由市级人民政府自主决定。并且可以尽快实施。第二步，争取成为省级高新技术产业开发区。同时，正确列入国家级开发区审核公告目录。从省级高新技术产业开发区规模看，贵港市完全有这个条件。2017 年，贵港产业园区范围工业总产值达到 170 亿元左右。这一规模虽然赶不上柳州等地园区，但是远远超过来宾高新技术产业开发区。来宾市申报自治区级高新区时，高新技术产业开发区的工业产值只有 11 亿元左右。当然，来宾市申报高新区有其特殊因素，其前身为华侨投资区。在获得自治区批准成立贵港高新技术产业开发区时，需要考虑贵港高新技术产业开发区的普遍因素和特殊因素，尽可能植入一些特殊因素。植入更多的科技要素是必需的。认定一批高新技术企业，经过国家和省级政府认定；无论是从真实推动发展还是达到国家标准的角度，都需要强化创新驱动，鼓励企业的自主创新，鼓励企业承担国家和自治区科研项目，争取形成一批专利；有条件时，加大力度建设博士后流动站，积极创建院士工作站。第三步：进入国家级高新技术产业开发区成员。

达到自治区级高新技术产业开发区，贵港市具有以下有利条件：①贵港市委、市政府十分重视科技创新，积极实施创新驱动发展战略。②在一些领域的科技创新方面具有重要突破，一些创新性技术获得自治区级奖励。③市内园区发展已经具有一定规模，园区经济成长性好。④主导产业属于国家支持的战略性新兴产业。电子信息产业和新能源汽车产业已经得到较大规模的发展，园区经济快速发展势头良好，在 2020 年前后应该在自治区的园区中后来居上，占据中游偏上位置。⑤经济总量与人口总量低于贵港市的来宾市都已经建设了自治区级高新技术产业开发区。根据以上论述，我们认为，贵港有条件、有能力建设自治区级高新技术产业开发区。

在具体实现模式上，贵港市可以做的主要工作如下：①尽快挂牌成立贵港市市级高新技术产业开发区管理机构。②更多地植入高新技术产业发展元素：包括成立企业研发机构，争取国家和自治区科技专项支持；更多地申请国家专利；更多地开展产学研之间合作；扩大引进创新型企业；促进大众创业万众创新；加快发展科技中小企业。可以借鉴天津市的经验，积极发展小巨人型科技中小企业。③由市科技局牵头制定建设自治区级高新技术产业开发区工作方案。④在园区建设上形成双部门负责机制。就是形成经信委与科技局双主体的负责模式。由于我国现行行政管理体制机制，高新技术产业开发区的管理、考核、授牌自上而下由科技行政管理部门负责，因而，在园区建设上，必须把科技局作为主要行政管理部门纳入。在高新技术产业开发区申请到批准过程，都必须由科技行政管理部门主导。在工作进行到一定时间段后，加强自治区科技厅对贵港市高新技术产业开发区建设的辅导。在国家已有政策基础上，可采取"以升促建"的模式，促进贵港市园区加快跃入自治区级高新技术产业开发区行列。

第七章

提升贵港制造业竞争力的重大工程

要实现贵港制造业的大发展、大提升、大繁荣，增强城市制造业竞争力，不仅需要谋划好未来的发展方向和重视资源的合理配置，还需要通过政策手段，加强动力驱动体系建设、功能增强体系建设、配套服务能力建设、融合体系能力建设，尽快弥补制造业竞争力支撑的缺口，形成支持制造业竞争力提升的完整政策体系。

第一节　动力驱动体系建设

一、全面深化改革工程

本着发挥市场在资源配置中决定性作用和更好发挥市场作用，继续全面深化改革，理顺政府与市场之间的关系，持续增强简政放权、放管结合、优化政府服务的累积效应，破除体制、机制障碍，支持推进审批制度改革和商事制度改革，最大限度减少政府对企业经营活动的干预，取消和下放一批行政审批事项，清理和取消一批生产和服务许可证，逐步建立符合发展规律的政府管理制度。推进政府管理服务的扁平化、精细化。推进简政放权、放管结合、优化服务改革。

深入推动商事制度改革。明确市场准入负面清单，尽可能减少并规范政府的自由裁量权，积极推进多证合一、"证照分离"和全程电子登记，激发市场主体活力。实施企业登记"一址多照"制度，完善事中、事后监管制度，实现"双随机一公开"监管全覆盖。实施"企业简易注销登记制"，形成便捷有效的市场退出机制。

强化发展战略、规划、政策、标准的制定和实施，在深化规划体制改革推动多规合一中强化综合性规划与重点专项规划的结合，提升战略性新兴产业规划在指导经济社会发展中的领头作用。在战略性新兴产业和高新技术产业领域最大限度减少事前准入限制，修改和废止有碍发展的行政法规和规范性文件，调整和发布战略性新兴产业和高新技术产业重点产品和服务指导目录。严格执行降低实体经济企业成本各项政策措施。

推动改革措施落地，加强工作沟通，避免相关政策碎片化。持续开展产业发展状况评估和前瞻性课题研究，准确地定位改革发展方向。同时，建立高层次政企对话咨询机制，在研究制定相关政策措施时积极听取企业意见。此外，定期发布发展新经济培育新动能、壮大战略性新兴产业有关重点工作安排，统筹推进相关改革发展工作。

创新园区管理模式。开展园区整合试点，制订园区整合计划，探索市区多园整合的实施机制与管理模式，为园区整合顺利推进积累必要经验。按照精简、高效、规范的原则，设立工业园区管委会，并结合园区开发建设和管理的实际情况，明确园区的机构编制和职责；按照"小政府、大社会，小机构、大服务"的原则，积极探索"大部门制改革、扁平化管理、企业化服务"的管理模式，建立机关高效运转机制。深入推进园区管理干部人事制度、薪酬制度改革，形成激励有效、监督严格的人事管理制度和办法。

进一步完善好、优化好改革创新容错机制。合理确定改革创新容错事项和条件，对于政府干部在实施发展规划、产业发展、投资引导、科技创新和机制改革等方面履职担当中出现失误或者未能完成预期目标，只要不违反上级决策部署、能够勤勉工作、未造成重大经济损失和社会影响、未以权谋私、经过民主决策程序可以从轻处罚或者免于问责。

在建立"有为政府"中维护市场秩序。规范行政执法，坚持依法行政，提升规范执法、公正执法、文明执法水平，杜绝行政不作为和乱作为，禁止以执法手段谋取各种不正当利益，切实解决行政机关违法行使权力侵犯园区企业合法权益的问题，严厉打击制售假冒伪劣产品、侵犯知识产权等违法犯罪行为，完善园区产品准入制度，健全产品质量监管保障机制，开展联合打假、专项打假和日常打假行动，为园区企业营造以诚为本的市场氛围。

强化评价考核体系，将制造业发展情况纳入政府目标考核体系，与领导干部绩效考核挂钩，建立制造业发展评价体系，定期公布评估结果，以促进产业升级、创新驱动和淘汰落后产能。

二、全面开放引领工程

充分利用好"一带一路"建设和中国与东盟打造自贸区升级版的契机，推动贵港产品走出去。以建设中国—东盟新能源电动车生产基地、瑞安—文莱清真食品和香料加工贸易基地为依托，抓住重大产业项目、瞄准东盟市场落户贵港市的良好势头，利用好中国—东盟博览会、中国—东盟商务与投资峰会平台，积极参与广西赴东盟国家举办商品展，大力引进辐射带动性强、发展前景好的加工贸易龙头企业，利用好广西外经贸发展的专项资金，进一步扩大出口信用保险和贸易融资规模、优化贸易环境、简化审批手续，为企业开拓国际市场做好协调服务。与东盟及"一带一路"沿线国家或地区在种植、农产品加工、植树造林及生态保护等领域积极开展合作，支持生产企业、贸易企业通过阿里巴巴、天猫国际、京东等知名电商平台开展跨境电子商务批发零售，推动贵港企业扩大东盟市场份额，孵化培育一批具有竞争力的跨境电商卖家和国际性网络品牌。

积极扩大对外投资。按照自治区统一规划部署，鼓励企业利用马中关丹产业园区、中国—印尼经贸合作区、中柬、中老等广西在境外的园区平台，享受园区服务，降低投资风险等。鼓励有实力的企业到境外建立生产基地、营销网点和售后服务点等，带动设备、零部件、原材料和技术出口。促成新能源汽车零部件、制糖、建材、木材加工及林产化工、食品、纺织服装等优势产业开展对外投资。

打造好广西重点加工贸易产业园区。深化贵港与沿海地区互补合作关系，把贵港建设成加工贸易梯度转移重点承接地。制定承接加工贸易产业发展规划，进一步明确加工贸易产业发展方向和区域布局重点；积极开展加工贸易招商活动，重点吸引世界 500 强企业、中国 500 强知名企业，利用电动车企业与日韩企业初步接洽，胶合板企业与中国台湾、日本、韩国相互依存的时机，加快对日韩、欧美市场开拓。利用广交会等平台，加快"一带一路"沿线国家市场的开发，实现进出口市场的多元化。

积极深化与港澳台的合作。在新的 CEPA 协议推动下桂港澳的经贸合作逐步升级。根据《广西现代服务业集聚区发展规划（2015—2020 年）》的布局，积极打造西江流域第一大港为核心的现代服务业集聚发展集中区，把现代制造业发展与现代服务业发展结合起来。实施 CEPA 服务贸易协议，已制定推动实施方案。构建与国际规则相衔接的服务业扩大开放框架，深化与港澳在加工贸易、商贸会展等领域合作，积极打造自治区推动 CEPA 合作示范基地，培育外贸新的增长点。

推动和深化与国内其他地区和"一带一路"沿线的经济文化交流项目，提升贵港国际知名度。积极参加国家与沿线国家互办的国际产业和文化活动，推进实施各类合作项目。

三、创新能力建设工程

因应推动工业强市战略的需要，积极实施创新驱动发展战略。积极推动贵港由产业城市向创新型城市的转变，争取在未来的广西第二梯队创新型城市中走在前面。加大对科技创新的支持力度，提高研发经费在 GDP 中所占比重，引导研发经费向战略性新兴产业和未来产业领域倾斜，培育贵港制造业大发展的科技基础；积极申报和设立省区高新技术产业开发区、工程技术研究中心、院士工作站、博士后工作站等创新平台，支持企业和各类人才在各类平台上的创新创业活动；设立一批与重点产业相关联的科研机构与教育机构，尽可能快地掌握学科技术前沿，并做好外部技术能力引进和转化工作；实行必要的激励政策，促进园区与企业发展由投资驱动向创新驱动方向转变，提升园区与企业的核心竞争力；进一步促进产学研结合，促进企业界、院校与科研机构通过创新与技术转化形成利益共同体，并提升科技创新效率。

切实加强科技创新孵化器建设，积极培育孵化创新型中小科技企业，为初创型科技中小企业提供场地、融资、管理等方面的辅导和政策优惠支持；推广"孵化+创投"等孵化模式，探索基于互联网的新型孵化方式，提升孵化器专业服务能力。支持建设"创业苗圃+孵化器+加速器"的创业孵化服务链条。支持创新工场、创客空间、社会实验室、智慧小企业创业基地等新型众创空间发展。

此外，应建设高水平的创新咨询服务机构。设立贵港市工业强市战略研究中心。加强对国际、全国、广西制造业发展特点、趋势、政策的研究，围绕贵港制造业发展的重大问题乃至重大专题，持续开展深入分析与策略研究，不断进行发展中的模式比较、动态分析、典型解剖、政策跟踪与对策建议，为贵港制造业发展提供持续性支持。

四、重大项目支撑工程

组织实施好一批关系全局和长远发展的重大项目。以规划确定项目、以项目落实规划，强化重大项目建设全过程管理，严格建设程序。优化重大项目投资领域和区域布局，保持投资规模稳步较快增长。

利用好桂东承接产业转移示范区，承接沿海地区重大产业转移项目。重点瞄准世界 500 强、央企、外企，建立跟踪服务机制，加大招商力度，重点从沿海地区引进新能源汽车、生物化工、电子信息等领域投资规模大、科技水平高、发展前景好、示范带动强的龙头项目、产业链关联项目和配套项目，主动承接国际国内产业转移，谋划一批具有较强带动力的大项目、好项目。充分利用产业基金、风险投资、股权众筹、融资租赁、政府和社会资本合作（PPP）等多种模式，吸引社会资本向制造业重大优质项目集聚。建立重大项目联动协调机制，强化重大项目前期论证，完善重大项目领导联系、问题协调、要素保障、考核督查、联席会议等制度，推进项目早开工、早建设、早见效。

引导转移产业重大项目向园区集聚，发挥贵港各工业园区已有重点产业、骨干企业的带动作用，吸引产业链条整体转移和关联产业协同布局，提升产业配套能力，同时发挥外来企业在技术、管理等方面的辐射带动作用，通过引进先进的技术设备和管理经验，推动贵港产业结构的升级换代，加快提升产业发展质量。

完善重大项目储备机制，建立"重大培育项目、重大前期项目、重大建设项目"的梯度管理，做到规划一批、储备一批、建设一批、投产一批。

第二节　功能增强体系建设

在提升制造业竞争力功能体系建设方面，应该重点建设质量发展促进工程、金融服务保障工程、中小企业壮大工程、产业素质提升工程。

一、质量发展促进工程

积极落实"质量强桂"、"十三五"规划，以质量强市塑造和提升工业强市，推动从贵港制造向贵港创造、贵港速度向贵港质量、贵港产品向贵港品牌的转变，打造贵港质量、贵港标准、贵港品牌。配套实施质量强市的重大战略，突出对质量工作的长远管理与全局谋划；推动质量社会共治，形成政府重视质量、企业追求质量、社会崇尚质量、人人关心质量的良好氛围；加强贵港企业质量诚信体系建设，推动企业建立完善标准化体系、计量检测体系、质量管理体系、质量检验体系四大体系，强化企业的主体质量意识；加强对重点产品、重点工程、重点行业、重点区域和重点市场的质量执法，依法严厉打击假冒伪劣、虚假宣传和质量欺诈交易等危害公共安全、危及人身健康、生命安全和侵害企业利益等质量违法行为；健全农产品质量安全体系，严格规范农药、抗生素、激素类药物和化肥的使用，为食品、畜禽产品的加工提供安全保障；做好新能源汽车与电子产品增品种、强品质、创品牌工作，满足消费者更广阔的市场需求并强化服务贵港强市的建设；强化可穿戴电子产品的信息安全与隐私保护，在建设智能家居时也建设安全家居；加强质量检测技术设施建设，为贵港制造的质量检验验证提供技术保障；积极建立贵港标准、培育贵港品牌，不断提升贵港素质与贵港形象。筹建广西新能源电动车质检中心，利用广西质检院的人才、技术优势服务贵港电动车产业。

二、金融服务保障工程

优化金融行业结构，重视证券业、保险业、小额贷款公司、担保公司、典当行的发展；丰富银行行业构成，努力引进多家全国性股份制商业银行。在规范的基础上，发展私募、风投、融资性担保公司等非金融机构。积极发展小微金融机构，为大众创业的小规模资金需求提供支持。

要积极提升融资能力，满足制造业规模扩大和转型发展需要。积极利用民营金融机构为那些受限于国家调控政策、不能从国有商业银行贷款，但在本地具有发展潜力的重点产业如建材、食品、造船、钢铁、造纸等行业提供融资便利。可借鉴沿海地区的改革经验，对贵港重大战略性新兴产业中资金需求大、成长前景好的项目组织银团贷款。推动企业提高直接融资比例，努力推动符合条件的企业在中小板、创业板上市，推动企业通过债券市场融资降低自身资金成本；推动社会资本成立 PPP 项目合作公司，由 PPP 项目公司通过银行贷款、融资租赁等方式融入资金，实现"政府资金+社会资本"对产业园区、港口、创新平台、孵化基地、物流基地等提供资金支持。

推动成立创投公司，通过股权投资等方式满足园区企业战略发展资金需求，引导园区企业规范经营，为园区企业走向资本市场促进资产资本化提供人力、物力支持。通过财政扶持、财政贴息等方式激励园区企业挂牌股权交易中心，通过引入第三方机构监督企业规范经营，培育企业满足"新三板"挂牌条件，推动一批企业走向全国性的资本市场。

通过设立金融业务风险补偿基金，为金融机构的创新业务、专项业务提供风险补偿。建立"应急转贷基金"，帮助企业度过暂时的资金困难，化解潜在的风险。通过为担保机构提供风险补偿等方式，提高担保机构的抗风险能力。

强化金融风险意识。根据金融机构自身的经营环境与市场进行定位，结合自身风险倾向，制定全面的风险管理战略和政策以平衡风险与收益。提高金融机构工作人员尤其是信贷员的素质，打造专业化的风险管理团队，从根源上提升金融资产质量。要严厉打击非法集资、恶意逃废债务、地下钱庄、高利贷、洗钱等非法金融活动，坚决打击和杜绝各类市场传销、网络金融欺诈行为，维护贵港金融秩序与社会形象。

建立贵港市企业和金融机构信用信息数据库。形成金融机构信息共享机制，防范风险在金融机构之间的传导。金融业监督管理部门要加大现场检查和非现场检查力度，要对可能存在的风险早发现、早防范、早化解。金融机构要与政府相关部门建立监管信息共享制度，提高经济金融信息对称性。要健全社会信用体系建设，通过联合公安、法院、税务、水、电、通信、产业和园区管理部门建立"失信黑名单"，定期向社会公布，并采取有效措施，提高失信主体的信用成本。

三、中小企业壮大工程

进一步明确"多予、少取、放宽"的政策取向，切实改善中小企业发展环境。加强分类指导和服务，重点实施创新型企业壮大支持范围，加快培育一批成长性好、竞争力强、技术优势明显、具有较强自主创新能力和发展潜力的创新型中小企业和小微企业，形成新的经济增长点和重要的创新引擎。

健全完善小微企业培育库，围绕重点产业建立企业培育档案及成长档案，强化政策扶持和精准服务，促进企业"上规升级"。鼓励和支持中小企业与大企业大集团开展多种形式的经济技术合作关系，推进其向"专精特新"方向发展，培育一批"小型巨人"和"隐形冠军"，形成全市大、中、小型企业梯度发展格局和协作成长机制。

设立贵港市中小企业创新发展基金，并用好广西中小企业发展基金，为中小企业技术进步、产品研发、教育培训等开展专项融资服务，并根据项目的不同特点，分别采取无偿资助、货款贴息、资本金投入等不同的支持方式，引导管理能力强、市场有前景的中小企业做大做强。进一步激活金融市场，发挥"鲶鱼效应"，缓解中小微企业融资难、融资贵问题。吸引民间资本支持中小企业发展，推动直接融资市场的发展。

四、产业素质提升工程

切实重视科技人才队伍建设。具体来说，就是加强科技人才的培养与管理，政治上充分信任、业务上更好使用、管理上更好提拔、生活上加以关心；尊重在科研成果上的劳动成果与创造，增加按知识产权分权参与收益分配的比重，使创新努力与其创新收益回报相一致；大力引进符合产业发展需要的特殊人才，加快建设人才公寓。可以采取招聘、兼职、讲座等形式吸纳贵港制造业发展短缺的人才到贵港长期或者短期工作，解决贵港制造业发展面临的各类问题；可以吸收那些在国内相关行业知名的在职或者已经退休人员为贵港的市长顾问，为制造业发展提供各类科技类、产业类、政策类咨询意见。

建设制造业工人人才队伍。加强一线高水平技能型人才的培养和使用。继续发挥大学在技能型人才培养中的作用，面向贵港制造业发展的需求、调整技能型人才培养、使用和教师队伍优化方向；拉开普通工人与技能工人之间的分配档次，鼓励更多工人拥有一技之长；积极开展贵港工业技能大赛，鼓励制造业一线工人展示高超技能；设立"贵港工匠"并予以奖励；大量培养产业发展生力军，推进制造业领域技能型人才与工人终身教育，加强培训、轮训、进修等教育形式不断提升技能水平；拉开收入分配档次，对学徒、初级技师、中级技师、高级技师等差异化地体现其工作性质、能力、技巧、责任；对于自治区或者国内有名的高级技师，可以树立为标杆，设立创新工作室加以支持，发挥其传帮带作用。

定向引进多方人才。贯彻落实好《贵港市关于深化人才发展体制机制改革的若干实施意见》《市委人才工作领导小组 2017 年工作要点》《关于进一步激发人才创新创业活力　加快建成新兴工业城市的若干措施》等文件精神，配套实施制造业人才发展战略，改革创新技术技能人才评价体系，建立完善人才创新创业激励机制，完善人才工作体制机制，实行更加积极开放的人才引进政策，大力引进与工业强市相关的企业管理人才、物流人才、设计人才、产业人才、研究人才、教育培训人才，着力优化引才、育才、用才环境，以事业留人、感情留人、待遇留人、环境留人，让人才引得来、留得住、用得好，使贵港真正成为制造业各类专业人才聚集之地、合作之地、释放能量之地。

提升企业家素质。深入实施企业家素质提升工程，突出抓好企业高级经营管理人才、新生代企业家和职业经理人队伍建设，培养具有创新能力、实干作风、有担当和勇于负责并具有较高知名度和较强影响力的企业家队伍。

培育弘扬精益求精、追求卓越的制造文化。鼓励贵港市各县区提炼贵港制造文化精神，总结贵港制造业领域老字号与新业态的成功经验，逐步建立形成具有贵港特色的质量、品牌文化体系。

第三节　配套服务能力建设

一、基础设施建设工程

进一步实施基础设施能力提升三年行动计划，突出抓好工业园基础设施建设，规范现代工业园区的标准，按照"谁受益、谁投资"的原则，配套建设园区内的公共交通、医院学校、保障性住房、文化娱乐、金融商贸等网点设施，尤其是要加快完善道路、给排污水、污水处理、电力供应、燃气供应等基础设施建设，推进通信网和宽带网等服务设施建设，积极完善基地的绿化、亮化及主干道工程，重视抓好科研与技术服务、园林绿化、环境保护等市政公用工程设施和学校、医院、商场、市场等生活服务设施建设，增强生产、生活一体化功能。

引导社会资本以 PPP、EPC 等方式参与园区基础建设，着力建设设施完善、功能齐全、服务力强的园区，增强园区产业配套、商务服务和物流配送等综合服务能力，提升园区配套服务功能。园区要预留少量土地用于生活、居住等公共配套和发展现代服务业。

加快充电设施网络规划和建设，实施新能源汽车推广应用财政补贴政策，实现新能源汽车应用规模化、公交车和物流车电动化。

二、物流服务建设工程

贵港铁路、公路、水路资源丰富。地理位置优越，历史上曾是西南物资向东运输的重要物流通道，应该继续集成和发展铁路物流、公路物流、港口物流，并开拓航空物流，构筑现代综合交通运输体系，推动公路、铁路、水路、空运无缝衔接。

全面提高东西方向物流通道能力，进一步拓展南北方向的物流通道，充分发挥各种运输方式的组合优势，全面提升运输服务水平，构建综合物流运输体系。在现代制造业基地建设中，加快建设成为西江经济带综合交通重要枢纽和重要物流节点，建成集仓储、中转、集散、加工配送于一体的物流中心，建设好贵港煤炭配送中心。配套建设好物流产业发展基地。重视建设好物流职业技术学院。

加快推进贵港西江段（含贵港、桂平、平南）港口集群及基础设施规划和功能建设，着力整合港口资源，构建区分港口功能的结构体系，打造以贵港港口为核心的西江港口集群，建设现代化西江流域航运枢纽。按照广西壮族自治区的规划要求，全力建设西江黄金水道，构建高等级航道体系，完善内河水运主通道功能，打造好西江经济带由江及海的水铁联运通道。建立完善电子口岸，设立广西（贵港）西江航运交易所，提升港口的集疏运能力，强化水陆联运对接与高效联合运作。提升航运中转运输能力。积极建设港口与主要园区的物流通道，畅通生产基地与物流枢纽连接线。适时推动建设港口工业园区，把木材加工等适合于水运并且依赖于水运的加工工业向沿江集中。未来条件成熟时，可以构筑以园区为原料汇集、产品生产、成品外运枢纽，逐步形成布局合理、生产储运有序、通达便捷、以交通岸线为引导的工业长廊。

加紧建设贵港西江保税物流中心，解决贵港从事外贸进出口的生产型及贸易型企业的出口退税、保税等问题，降低物流成本，积极引进知名物流企业，进一步地丰富贵港物流业态和形式，促进本地物流业的国际化和现代化，并配套开展保税物流、保税加工功能、进出口货物存储及流通性简单加工、增值服务、检测和售后服务维修、商品展示、研发、加工、制造、港口作业等功能服务。

完善物流业管理体制。加强运输、报关、报检、包装、库存管理等方面的资源整合，强化物流信息的引导、整合与发布，合理规划最佳物流线路，综合运用全球卫星定位系统和网络管理模式，加强物流运输管理，提高物流效率。

三、生态城市建设工程

统筹生产、生活、生态布局，建设生态城市，打造生态园区，发展生态工业，建立绿色产品、工厂、工业园区评价机制，制定分行业、分领域绿色评价指标和评估方法，提升大气、水、土壤等的环境质量，保护和修复自然生态系统，形成绿色化、低碳化、循环化生产生活方式，在建设工业强市中建设"美丽城市"。

树立节约集约循环利用的资源观，加强雨水、洪水、再生水等非传统水资源的开发利用，加快再生水管网建设，推出节水产品、器具及节水新技术，提高工业用水重复利用率。推进绿色清洁生产、绿色回收、绿色包装、绿色采购等，实现资源循环化、智能化回收处理。坚持减量化优先的原则，建立和完善垃圾分类收集体系，按照国际先进标准新扩建垃圾焚烧等环保处理设施，生活垃圾全部实现无害化处理。

全面推进钢铁、有色、化工、建材、轻工、印染等传统制造业绿色改造，研发推广余热余压回收、水循环利用、重金属污染减量化、有毒有害原料替代、废渣资源化、脱硫脱硝除尘等绿色工艺技术装备，应用清洁高效铸造、锻压、焊接、表面处理、切削等加工工艺，实现绿色生产。

大力推进工业固体废物综合利用。以高值化、规模化、集约化利用为重点，围绕尾矿、废石、矿渣、尘泥、赤泥、化工废渣等工业固体废物，推出一批先进适用技术装备，推进深度资源化利用。拓展产品制造、能源转换、废弃物处理—消纳及再资源化等行业功能，强化行业间横向耦合、生态链接、原料互供、资源共享。因地制宜地推进水泥窑协同处置固体废物，鼓励造纸行业利用林业废物及农作物秸秆等制浆。

建设园区能源管理中心，围绕高耗能行业企业，落实阶梯电价、差别电价等价格政策，加快工艺革新，实施系统节能改造，鼓励先进节能技术的集成优化运用，普及中低品位余热余压发电、供热及循环利用，积极推进利用钢铁、化工等行业企业的低品位余热向城市居民供热。

研究并制定各园区的考核与环境准入标准，建立健全产业退出机制，明确淘汰要求，量化淘汰指标和规模，针对建材、冶金、木材加工等产能过剩领域，依法淘汰一批技术装备落后、能耗高、环保不达标的落后产能，为产业链的延伸发展创造空间。

四、高等教育建设工程

促进职业教育向高等教育转型，弥补贵港在高等教育方面的缺口。可通过中外合作办学等模式，改造升级广西工业职业技术学院为西江工业大学或者西江高等工学院，把普通高等教育与职业技术教育结合起来，提升学校在广西乃至华南地区的教学与科研影响力。应在教育年限、专业设置、教师资格等方面采用普通高等教育标准，建立以提高质量为导向的管理制度、评价制度和保障体系，不断提高学校的教学与科研质量。加强与国内重要大学和科研机构的合作，在学校设立学院和科研机构，建设集人才培养、科学研究、职业培训于一体的高等学校。

调整和优化办学方向。围绕贵港制造业发展主导方向，把日益扩大的专业人才需求与大学教育中学科建设与教学结构的调整优化结合起来，吸引国外知名学者、优秀教育管理专家到学校任教或学术交流，加强新能源汽车电动车、电子信息、装备制造业、生物医药产能等新兴工业发展方面的高水平教学人才引进，为贵港制造业的发展提供强有力的人才保障。

推进优势和特色学科建设，加快培养和引进一批科学家、学科领军人物和创新团队，强化产学研用结合，打造一批国内领先学科专业。提高高等教育中研究与开发比重，实行人才培养和科研创新双驱动战略。实施科研兴教、科研强教战略，培养和造就出高层次的研究型人才，注重引进各学科兼具教学科研能力的领军人才，完善教学科研团队，形成课题带动、研教结合，不断提升教研队伍能力和水平，着力构建一支学术精、善研究、业务强、出成果的教研队伍。瞄准高等教育高端人才培养方向，在成立西江工业大学或者西江高等工学院一定时限后重视研究生教育与人才培养，面向西江经济带培养高素质专门化人才。

按照贵港市教育"十三五"规划，加快西江职业教育园区建设。引进高等职业院校入园区办学，扩大职业教育规模，以培养技术应用能力为主线来设计学生的知识、能力、素质结构和培养方案。建设贵港市高级技工学校和贵港市西江职业公共实训基地。

鼓励开展教育区域和校际联盟合作。积极推动贵港市高等院校、职业技术学院国内大专院校与东盟国家、"一带一路"沿线国家友好城市的学校建立友好校际关系，促进教育资源共享及对外交流合作，培养学生的国际视野和创新能力。

第四节　融合体系能力建设

一、"两化"融合体系建设

推动网络强市建设，抓住信息化应用关键环节，推广重点行业、重点地区和示范企业信息化先进经验，把两化融合贯穿于办公一体化、研发设计、产品数据管理、生产过程控制、自动化装备等主要环节，促进目前的企业两化融合向集群两化融合方向的转变，使信息技术融合渗透到整个制造业领域。大力发展工业互联网等两化融合新技术、新模式、新业态，支持面向企业的信息化公共服务平台建设，着力培育一批工业信息工程公司，加快两化融合共用信息平台建设和两化融合的贯标工作。积极应对互联网跨界融合应用引发的安全问题。

鼓励企业依托平台常态化开展自我评估、自我诊断、自我对标，找准两化融合发展重点方向及融合需求和路径，提高规模以上企业数字化设计工具的普及率和关键工序数控化率。鼓励制造业骨干企业建立独立的电子商务平台，发展网络销售和采购业务，实现线上线下购销互动，带动产业链上下游企业商务协同；加快大宗商品电子商务交易平台建设，推进电子商务与现代物流、专业市场的互动发展。实施和推广信息基础设施、智能管理、实时监控、物联网等涉及企业信息化应用内容。

建立本地"两化"融合贯标企业库，将本地规模以上企业逐步纳入贯标试点范围，集中推动大企业和中小型企业申请自治区级贯标试点。设立市级"两化"融合专项资金，按照一定资金配套比例对本市通过国家评定的试点工业企业予以补助。

二、两业融合能力建设

加强制造业与生产性服务业的结合，推动现代制造业与生产性服务业"双轮驱动"的战略，特别是要围绕制造业大力发展生产性服务业。同时，把高端服务更好地嵌入生产制造环节，促进制造业和服务业共同发展，打造制造与服务共同繁荣的产业集聚区。

推动主辅分离，鼓励制造企业剥离服务部门，以产业链整合配套服务企业，推进服务专业化、市场化、社会化。要推动制造加工企业向产业链的上、下游拓展，引导大型制造商通过管理创新和业务流程再造，逐步转向技术研发、市场拓展、品牌运作的服务领域，提高总部要素资源集聚能力。要鼓励规模大、信誉好的企业实施跨地区、跨行业兼并重组，促进生产性服务业的集中化、大型化、组织化。

围绕工业园区的建设，加强服务业集聚区建设规划引导，重视集聚区或功能园区公共信息平台、技术平台、重大通信基础设施的建设，建立集聚区标准与考核评价体系，积极发展研发服务、设计服务、文化创意服务、设备租赁服务、产业标准服务、产品溯源服务、检测检疫服务、货物运输服务、仓储和邮政快递服务、信息服务、金融服务、节能环保服务、商务服务、人力资源管理与培训服务、批发经纪代理服务、电子商务等多种服务方式，发展大数据应用等新型公共服务业态，推动服务业的集聚发展，打造各种类型的服务业集聚区。

三、双创并进制度建设

积极推动"大众创业、万众创新"，力争成为下一轮双创示范基地。也可争取与国家有关部门进行协调，成为南宁高新技术产业开发区双创示范基地延伸区。以创业创新资源集聚区域为重点和抓手，集聚资本、人才、技术、政策等优势资源，探索形成区域性的创业创新扶持制度体系和经验。

依托广西包括贵港的高校和科研院所、创新型企业等不同载体，依托现有园区建立贵港双创基地。引导双创要素投入，有效集成高校、科研院所、企业和金融、知识产权服务以及社会组织等力量，多层次培育大学生创业中心、创业孵化器等创新创业服务主体，积极推进"孵化器+天使投资+创业企业"孵化模式。实施双创支持政策措施，鼓励大企业和科研院所、高校设立专业化众创空间，加强对创新型中小微企业的支持，打造面向大众的"双创"全程服务体系，推动建设双创支撑平台，探索形成不同类型的创业创新模式。

规范地设立和发展政府引导基金，切实解决创业者面临的资金、信息、政策、技术、服务等瓶颈问题，支持创业投资、创新型中小企业发展。进一步放宽高端人才、海外人才创业办理签证、永久居留证等条件，简化开办企业审批流程。

加强双创服务平台建设。大力推进科技园、产业园和农民工回乡创业园区建设，丰富园区建设形态和内容，开拓不同类型的生产要素集约合作的空间，打造有利于技术创新资源和劳动力资源、企业家资源释放的平台，积极扩大投入和创造就业，并为贵港制造业发展提供新引擎。

尤其要强调的是，贵港在珠三角打工人数近百万，即使其中有1%的人致富，也有万人之多。假如有1%的人愿意回乡创业，也可以"平地起高楼"，由无到有，生成100多家企业，众创意义与价值不言而喻。贵港在珠三角招商引资应与建立贵港籍在珠三角人员联系结合起来进行，甚至可以由珠三角的贵港籍人士帮助贵港招商引资，可以就地生成信息通报大军、招商大军、返乡投资大军，对于提升贵港制造业竞争力有重大帮助。

四、产城融合功能建设

推动新型工业化与新型城镇化相互融合、共同促进、协调发展。继续加快推进城镇化建设。充分发挥城市尤其是园区的带动作用，为社会提供大量的就业岗位，促进农村市民化的就近转移和就近就业，提高居民收入，让城乡居民共享工业化城镇化成果。

按照"全域统筹、产城融合"的理念，合理安排工业区布局。以工业园区为新型工业化、新型城镇化互动发展重要载体，通过产业集聚提升区域内人口规模，增强城镇发展活力。坚持产城一体融合发展，以城镇综合承载能力增强为产业持续壮大和人口不断融入创造条件，有效实现产业园区化、产城一体化，形成以工业化带动城镇化和农业现代化、以城镇化支撑工业化和促进农业现代化的"三化"协调发展新格局。

把园区建设成城市功能的最好表现区域，使城市功能向制造基地延伸。建设技术、资本密集的智慧生态园区，使园区不仅成为优势资源集中、先进制造密集、产出效率高企的区域，也成为投资、创业、工作、生活、生态协调发展区域。在各个园区健全完善教育、就业、医疗、养老等基本公共服务，对城乡的发展做出科学合理的规划，提高居民的生活质量，提升城市面貌以及品质。

第八章

提升贵港制造业竞争力的
保障性措施

第一节 健全贵港制造业发展的组织保障

一、优化工业强市领导小组

可形成工业强市推进领导小组，作为振兴贵港经济的重要抓手，由市长任组长。由市长任组长可以更好地贯彻市委、市政府的工作意图；工业强市对全市具有举足轻重的地位和作用，由市长担任领导小组组长，可以更好地对市委和全市人民负责；工业发展引领农业、服务等产业发展，发展工业使命重大、任务重大，由市长担当推进领导小组组长可以体现责任意识；工业强市涉及范围广，需要科技、物流、金融、发展等相关部门支持，由市长担任领导小组组长，可以动员全市资源支持工业发展；工业强市涉及许多部门的工作协调与任务协调，跨越许多副市长甚至市委常委的工作范围，由市长协调可以减少部门间的矛盾、扯皮与冲突，并可避免二次协调；工业强市涉及多方面的政府管理支撑和工业对全市的发展支撑，由市长任组长可以做到对全市工作心中有数，对推动全市经济社会发展有整体性理解与认识。

工业强市领导小组办公室设立在工信委，由工信委主任担任领导小组办公室主任，办公室工作人员由市工信委、发改委、科技厅、园区管理委员会等部门的人员组成，进行日常的信息收集整理、文献资料编辑、重大事务汇总等工作，报送工业强市领导小组，提供决策基础依据，并组织落实领导小组的重大决定。办公室要与统计等部门合作，加强对重点企业的监测，完善运行监测网络平台，运用好工业经济运行联席会议机制，强化行业信息统计和信息发布。

工业强市领导小组要健全工作机制，切实加强组织领导和协调配合，结合实际情况提出加快推进制造业发展的目标任务和工作方案，加强工业规划与各区市县及部门规划的衔接。明确任务分工，落实工作责任，建立职能清晰、目标明确、协调有序、监管有力的制造业发展工作体系，发挥规划引领作用，形成部门推进合力。应加强组织协调和检查指导常态化，保证各项政策措施落实到位。

二、建设咨询委员会

可考虑聘请国内外规划、产业、园区、技术类专家组成专家咨询委员会，针对工业强市发展思路、发展方向、重大建设项目，提出产业路线、技术路线与政策路线提出建议，提供决策咨询。

三、建设重大政策上下联动工作小组

联动小组应着眼于与国家、自治区重大政策之间的衔接与协调，加强贵港市与自治区主要部门之间的合作，争取把贵港列入国家和自治区相关重大政策支持名单，争取自治区发改委、工信委、科技厅、国土厅、城建厅等部门对贵港市制造业发展的支持。

第二节　争取制造业发展的政策支持

积极争取国家落实《中国制造2025》、产业转型升级示范基地、新型工业化示范基地、两化融合、军民融合深度发展、"中国制造2025"示范城市、自治区乃至国家高新技术产业开发区、创新型城市、质量发展示范

城市等相关政策支持；争取中央和自治区在安排中央技术改造、老工业基地调整改造等专项资金、中小企业发展基金、中小企业担保资金项目补助等方面的支持；争取国家在西部大开发、"一带一路"建设、珠江—西江经济带等涉及的基础设施建设、航道疏浚、港口建设等方面的政策支持。

用好新一轮西部大开发政策和珠江—西江经济带相关政策，并结合当地实际，制定相应的产业、税收、财政、金融等优惠政策，促进园区快速健康发展。在产业政策方面，以《国务院关于中西部地区承接产业转移的指导意见》（国发〔2010〕28号）、《中国制造2025》为指导，研究制定贵港重点产业发展政策、产业集群发展政策和承接东部产业转移政策，充分利用国家和自治区政策积极发展战略性新兴产业，壮大骨干龙头企业，促进产品开发、品牌培育、节能降耗、产业配套等工作。

充分发挥贵港作为桂东承接产业转移示范区重要城市（与梧州、贺州、玉林一起组成国家桂东示范区）功能，利用好《国务院关于中西部地区承接产业转移的指导意见》（国发〔2010〕28号）赋予的相关优惠政策，使用好配套的中央财政通过加大转移支付等政策，推动贵港改善民生和促进基本公共服务均等化，优化产业承接环境，引导金融机构对符合条件的产业转移项目提供信贷支持。对贵港示范区内重大基础设施建设和重大产业项目，争取国家和自治区在建设规划、投资安排、产业布局、用地审批等方面优先支持；对实际投资额较大的产业转移项目，争取在规费减免、贷款贴息等方面给予优惠，对符合示范区产业指导目录的企业，争取国家对企业所得税给予减免。

第三节　建立财税支持体系

发挥财政资金示范、引导和放大效应，进一步探索形成有效的财政投入机制，放大财政投入资金的乘数效应。争取上级财政支持，统筹地方财政资金，积极利用珠江—西江产业投资基金，加大对先进制造业发展的政策支持。在重大建设项目补助、重大创新项目、高端研发机构、技术领军人才及团队引进方面，以及产业创新平台建设、重大创新成果产业化工程、重大应用示范工程方面，用好财政资金。

综合利用政府投资补助、贷款贴息等多种方式，并可把发挥公共财政投入与吸纳社会资本结合起来，加大对重点核心产业的支持力度，鼓励和引导社会资本投资重大项目。

按照国家相关政策，推动国家相关税费优惠政策的全覆盖。积极落实西部大开发、西江经济带建设的相关税费优惠政策，落实小微企业税收优惠政策，落实高新技术企业各项税收优惠并对重点产业引进技术设备、关键零部件和原材料等方面给予税收优惠。积极营造更加宽松的税收环境，进一步减轻企业税收负担。建立和实施涉企收费目录清单和动态调整制度，目录清单以外的收费一律不执行。

在积极落实促进科技投入和科技成果转化、支持战略性新兴产业和高新技术产业发展等方面的税收政策的基础上，结合税制改革方向和税种特征，针对先进制造业和战略性新兴产业的发展特点，形成完善鼓励创新、引导投资和消费的税收支持政策，落实中小科技企业研发投入加计扣除政策。

第四节　加强用地的集约化管理

按照国家政策要求合理、节约、集约、高效开发利用土地，建立健全产业园区土地集约利用评价、考核与奖惩制度。严格按程序报批各类园区的设立、扩区、升级和区位调整。工业园区所在地政府要抓紧编制园区总体规划和控制性详细规划按规定程序报批，并严格按批准的规划推进园区建设，引导园区有序开发。

在规划编制过程中应对园区内部的用地结构进行细化，明确土地开发的利用方向，科学调整土地利用布局和结构，对各个地块的用途加以强制性规定。在同等条件下，把工业用地优先配置给主导产业、重大项目和优势企业。探索"空间换地"模式，推进建设用地多功能开发、地上地下立体综合开放利用，促进空置楼宇、厂房等存量资源再利用。

强化土地管理中分类调控能力。对信誉度较低、实力较弱、持续发展能力不强的企业采取只租不卖的供地方式，在园区的一部分土地上建设标准厂房并将厂房出租给企业。同意园区进入信誉较好实力较强的企业，企业在签订《建设项目预约用地意向协议书》后，必须在约定时间内足额付清用地款。鼓励和引导社会投资主体参与多层标准厂房建设经营。

将工业项目投资强度、容积率、建筑系数、绿地率、非生产设施占地比例等控制性指标纳入用地使用条件。建立投资强度最低准入标准，保障投资资金、设备、建设措施及时到位，明确投入、开工、产品出产时间，杜绝假借建设项目圈占土地行为。项目单位必须具有较好的资信，能确保建设资金按期到位，保障项目早日开工建设。入园企业不得随意改变土地用途，如出让合同约定改变土地用途需依法收回的，必须经市政府常务会讨论通过，由规划部门调整规划用途，并按有关规定补交土地出让金。

按照国家相关政策，确定闲置用地判定标准，对闲置用地加征高额税费。遵照《闲置土地处置办法》（中华人民共和国国土资源部第53号令），入园企业在批准用地后，超过一年不开工建设的，由市县国土资源主管部门报经本级人民政府批准后，向国有建设用地使用权人下达《征缴土地闲置费决定书》，按照土地出让或者划拨价款的20%收取土地闲置费。对有意圈地行为，加征惩罚性税收。

第五节　创新招商引资体制机制

紧紧抓住国际国内产业分工调整的重大机遇，以市场为导向，以自愿合作为前提，以结构调整为主线，以体制机制创新为动力，着力改善投资环境，打破行政区划界限，创新跨区域合作模式，创新招商引资方式，推动招商引资向纵深方向发展。

在跨地区城市与城市、区县与区县对接合作过程中，探索实施政府引导、企业参与、优势互补、园区共建、利益共享的"飞地经济"合作新模式。充分调动合作各方积极性，在平等自愿的基础上签订规范、详细、可操作的合作协议，促进土地、技术、管理等资源优势互补和优化配置，共同协商规划建设、运营管理、成本分担、利益分配等事项，支持各方合理分担园区建设运营成本，由合作方根据协议商定分摊比例承担征地拆迁、基础设施建设、招商引资、社会管理、环境保护等事项产生的投入和费用，实现权利与责任对等。

对"飞地经济"制定招商项目异地落户的收益分成政策。对跨行政区落户的新项目，由项目转出地与落户地区共同管理，对所实现的税收遵循属地原则属于地税的部分留成落户地区，其余部分按比例分成。在对"飞地经济"进行指标统计、政绩考核时，遵从国家发改委等多部委确定的相关文件进行。

完善园区之间招商引资利益分成机制。从贵港制造业分工角度看，各个园区确定不同产业发展主导方向与招商引资产业目录，有利于园区的专业化发展。但在现实中存在招商方向与招商主体利益错配的机制：园区洽接的投资商投资方向不符合本园区产业发展方向但符合其他园区产业发展方向。因缺乏必要的利益激励机制和政绩考核奖励，接洽投资商的园区或个人欠缺把不符合所辖园区产业发展方向的投资商引导到其他园区的动力。洛阳市政府制定了《招商引资项目市内异地落户认定管理暂行办法》，鼓励招商项目按照产业规划布局，"引资方"和"落户方"依照招商引资有关政策和财税分享体制确定财税分成，值得贵港借鉴。另外，有必要创设新型利益和政绩的分成制度，达到一定年限根据上级政府或者园区之间确定的比例进行利益分割，把为对方招商引资激励机制变成扩大各个园区招商引资的新机遇，通过弥补机制缺陷减少利益冲突，做大贵港市招商引资总量，提高招商引资效率。

营造良好招商引资环境。强化服务意识，转变观念，强化政府行政部门服务意识。在制定出台各工业园区严格的项目审批程序的基础上，优化、简化审批流程，压缩办理时限，提高政府部门办事服务效率。坚持主动服务，切实提高服务质量和服务水平，形成低成本、高效率的投资服务环境。优化市场环境，整治全市市场经济秩序，切实保护企业合法权益。加强规划组织实施。加强组织协调，建立由贵港市政府及相关部门参与的协调会商机制，构建协商平台，统筹协调相关部门，积极对接自治区及上级主管部门，对规划实施中重大工业项目、园区建设、产业布局等重大问题进行会商。

第六节　充分发挥行业协会作用

发挥行业协会的桥梁和纽带作用，做好调查研究、技术推广、标准制定、宣传推广、信息统计、咨询服务、人才培养、理论研究和国际合作等方面的工作。依托行业协会和专业研究机构，积极打造工业和信息化领域的智库机构。鼓励行业协会、商会、中介机构为企业提供市场化、社会化、专业化的法律、会计、税务、投资、咨询、知识产权、风险评估和认证等服务。

第九章

提升贵港制造业竞争力的
项目推进

第一节　优化项目管理流程

一、做好招商引资规划

根据产业发展趋势和"十三五"规划，结合当地产业发展条件，明确产业定位和发展方向，突出主导产业和重点行业，有针对性地制定符合本地区实际的招商引资规划，以战略规划指导具体策略。根据国家政策调整，确定贵港市招商引资方向、重点和指导目录，逐步建立起符合本地区经济发展目标、产业结构布局的招商引资框架。

二、强化重大项目引导，以重点带动全局

围绕提高贵港制造业竞争力的现实需求，在精心论证的基础上，围绕战略性新兴产业发展，在新能源汽车及电动车、电子信息、生物制药等重点产业的关键环节、缺失环节、配套环节，瞄准国内外知名企业、行业龙头等企业，加快引进建设一批引领产业发展的重特大行业龙头项目、配套项目和产业链高端项目，突出抓好市场需求大、产业前景好、附加价值高、具有较强带动力的项目，精心设计、重点引进和培育，在进一步扩大重大产业化项目储备与落地中，提高贵港制造业的竞争力与影响力。

三、形成多样化精准性的招商引资方式

应借鉴其他地区的经验，采取适合贵港特点的多样化精准性招商引资

模式，提高招商引资的针对性。①资源招商。以当地特色资源为依托，按照国际惯例和市场规则进行招商引资。包头市稀土资源储量占世界总储量的70%，包头市政府申请成立国家稀土高新技术产业开发区，围绕稀土资源的开发和产业化进行招商。②网络媒介招商。深圳市政府大力推进网络招商，探索打造网上项目合作对接平台等，实现网上项目洽谈互动，提高项目推进效率，积极与相关专业机构联合开展投资推广网络招商合作，扩大网络推介影响。③形象招商。地区形象，体现了一个地区包括经济、文化底蕴在内的综合实力。北京市推出的"活力北京—北京经济新形象"、武汉市推出的"中国光谷"品牌形象等，在吸引国内外众多的旅游者的同时，也有力地推动了当地招商引资工作。

四、建好招商引资项目储备库

把对贵港经济发展具有较大影响力、带动力的项目纳入重大项目储备库，择机择优选用。成立重大项目建设协调领导小组，负责审定重大项目名单，统一协调解决重大项目建设中的突出问题。要建立健全重大项目动态信息月报制度，利用投资项目管理系统网络平台，对重大项目实行动态管理。根据项目前期进展、资金筹措、建设条件的落实情况，及时充实完善规划项目库。要做好项目策划、论证工作，加大项目申报和汇报衔接力度，争取投资大、拉动力强的项目列入广西壮族自治区乃至国家专项规划。本书根据贵港制造业现状与发展方向，确定点对点、面对面的招商引资名录，供贵港市政府领导决策参考。

五、建立项目的评价与筛选机制

严把项目评价与筛选关，对有明确投资意向准备落户的项目，组织有关部门和专家就产业方向、产业配套、科技含量、投资强度、资源重复利用、环境影响等进行联合审查和综合评估，提高项目进入的质量。尤其是对于达不到环境保护要求的项目，实施一票否决制度，从源头上严把关口，保护好贵港的青山绿水。可以考虑建立与项目储备库对应的"项目评审专家库"，聘请权威专家担任招商引资与园区建设等方面的评审。

六、健全项目落地协调机制

继续既有的工作模式，定期召开项目工作协调会，加强各部门沟通协调，不断完善项目入围机制、项目确定机制、任务分工机制、任务执行与督查机制、信息调研与反馈机制、信息动态专报机制、沟通联络机制等，推动各部门之间形成项目落地合作制度。尤其是要进一步完善对于重点工业项目，制定项目倒排进度表，加强项目服务协调力度，督促企业及相关部门加快推进项目建设，及时跟踪项目推进情况，为项目建设提供全过程、全方位的"保姆式"服务。进一步完善重点工业项目倒排进度表，督促企业及相关部门加快推进项目建设，及时跟踪项目推进情况。

七、完善项目推进途径

用好"企业服务量化年""市长服务企业接待日""市政府服务接待日"等功能，完善重大项目推进与实施机制。要重视发挥项目调度会、专项协调会等会议部署功能，强化项目落地属地政府主责推进制度，规范园区管委会协调推进职能，并利用好典型示范引导推进、督察督办机制推进等职能，建立和完善重点建设工程调度机制、固定资产投资项目行政审批协调机制等，推动项目尽快落地。建立"贵港企业服务"微信平台和微信办公群，随时与各企业沟通联系，及时主动发现、协调和解决问题。

八、保障重大项目用地落实

在国家对贵港做出土地利用奖励的基础上，将重大制造业产业化项目纳入"多规合一"规划中，并将项目集中落地地区基础设施建设纳入城市基础设施建设体系，完善规划安排、土地储备、用地预审、土地征收、土地供应、确权发证等土地利用政策，为重大产业化项目落地创造条件。

第二节　引入和落实重大战略性新兴产业项目

一、新能源汽车产业集群项目

更多地引入新能源汽车行业的企业，使贵港成为新能源汽车产业密集区，发挥新能源汽车对这个城市制造业的带动作用，提高贵港在全国新能源汽车领域的分工地位。应考虑尽可能多地吸引国内新能源汽车的领先企业或者龙头企业在贵港落户。

在新能源汽车整车开发上，应该积极开发纯电动公交客车、小型纯电动汽车、插电式混合动力客车、增程式纯电动汽车、燃料电池汽车等类型，注重开发应用于物流、休闲等功用的电动汽车或者混合动力汽车，在细分化的国内外市场寻找突破口。

另外，也可以考虑引进国外的新能源汽车。中国的市场庞大、政府动员资源能力较强，一些新能源汽车领域的跨国公司对中国市场十分看好，可以积极跟踪，伺机引进整车项目，搞同城甚至同园"PK"，可以放大新能源汽车基地效应。

未来可以考虑引进氢能汽车生产项目，用于旅游风景区等特殊领域。

二、新能源汽车产业配套项目

贵港市新能源汽车已经在国内拥有越来越高的知名度，除了进一步引进整车生产线以外，还应该积极布局配套产业项目。新能源汽车的电机及驱动系统、电驱动变速系统、制动系统、电控和充电站、充电桩、电动车用大功率电子器件、动力电池、车载充电机、混合动力汽车专用动力耦合及传动装置等都成为国内争夺的重点。

贵港发展新能源汽车零配件，有着与其他地方不同的整车优势。汽车配套产品类型较多、可以发展的范围广阔，可以把与新能源汽车关联紧密又有较高增值效应的项目引入贵港。尤其是，应加强与一汽、东风等国资体系的汽车生产企业加强联系，鼓励这些企业在贵港设立配套项目和零部件基地。

三、车身电子控制系统项目

现代消费者对汽车的需求日益多样化，不仅考虑乘用需要，也考虑安全、舒适、娱乐等功能。这种变化也对车用电子产品提供了很好的扩张机会。在市场导向下，新能源汽车电子化、信息化乃至于智能化逐渐成为趋势。根据有关方面提供的信息，目前，我国汽车电子产品市场规模已经超过5000亿元，汽车电子产品占整车的价格比达到30%左右。

因此可以根据需要，积极引进发展 GPS、车载显示器、行车记录仪、音箱、汽车 CD、倒车雷达、控制器、各类微处理器等项目，通过发展此类项目，丰富贵港新能源汽车发展内容。当然，也可以考虑到贵港船舶工业的发展，发展车船两用型电子产品，扩大电子产品的应用范围。

四、手机一体化发展项目

随着技术进步，智能手机日益成为大众不可缺少的日用品，而且也在不断更新换代。适度发展手机项目，已经成为各地的追求。手机被越来越多地赋予通信、阅读、对话、游戏、导航、支付等功能，成为大众不可或缺的日用品。贵港发展手机产业，可以主要发展技术相对成熟的手机摄像头、手机电池、手机传感器等技术难度相对较小的项目。可在目前手机电池生产的基础上，把下一步招商引资的重点放在手机摄像头和手机传感器方面，最终朝引进手机全产业链的方向演进。

把手机电池、手机摄像头、手机传感器、可穿戴产品集中在同一园区，还可以集中展示贵港电子信息产业集中的趋势和形态，有利于后续电子信息产品的跟进，形成规模效应、示范效应。

五、新材料建设项目

稀土具有优异的光、电、磁等物理特性，它被广泛应用于制造飞机、导弹、坦克、潜艇等的金属材料中，可大幅度提升武器的质量和技术性能。平南的风化壳离子吸附性稀土矿储藏量大、放射性低、开采容易，提取稀土工艺简单、成本低，产品质量好，可以在开发后应用于复合材料生产，广泛应用于航空航天、汽车电子、机械化工等领域，具有广阔的应用前景。

应该在总结国内外稀土开发和新材料发展经验基础上，选择小型分散矿点小范围开采，在引进资本、引进高水平技术和人才的基础上推动贵港新材料产业发展，提升贵港在国家新材料产业领域的影响力。

第三节　加强都市工业转型提升项目

一、传统产业改造升级项目

应该充分利用国家技术改造引导资金和相关贴息政策，支持对传统制造业的重点行业、高端产品、关键环节进行技术改造，全面提升设计、制造、工艺、管理水平，促进钢铁、水泥、机械、造船、陶瓷、制糖、食品、服装等产业向价值链高端发展。制定重点产业技术改造投资指南和重点项目导向计划，争取国家和自治区相关政策支持，吸引社会资金参与，推广应用新技术、新工艺、新装备、新材料，优化工业投资与产出结构。

二、工业遗产建设项目

贵港工业发展历史悠久，在制糖、造船、食品等领域起步较早，一些企业在国内长期处于影响较大的地位，老字号的品牌效应依然存在。在结构调整转型升级中，原有的生产场地和生产线不再使用，生产使命完成；但作为贵港工业发展的历史见证，这些资产还可以改造后再利用，用于工业遗产项目，而不是简单拆除。按照国内外趋势，此类产业项目可以供旅游、文化领域再开发再利用，把历史介绍、工艺展示、传统业绩、工艺品开发结合起来，在新的时代背景下进一步开发其旅游和文化价值。

三、都市型工业转移接纳项目

面对沿海地区城镇用地价格上升和劳动力成本上升，一些传统制造业已经不具备生产优势的情况下，充分利用政策优势和资源禀赋，采用"从园区到园区"的模式，引进符合贵港产业发展方向和环境政策、能够产生较好经济效益的工业项目。

第四节　高度重视平台建设项目

一、高新技术产业园区建设项目

以新能源汽车和电子信息产业为基础，以一区多园为实现形式，建设集多个战略性新兴产业集群为一体的高新技术产业园区。短期以建设省级高新技术产业园区为目标，长期以力争进入国家级高新技术产业园区系列作为目标。以科技局主导，工信委、园区管委会等部门协助，建设推进高新技术产业园区建设工作班子，对园区发展基础、产业方向、数据统计、实现目标、技术支撑、瓶颈补足等进行论述，分析高新技术园区建设的可能性和可批性，并从政策实践上进一步提高园区项目进入的资本密集度与技术密集度，扩大园区的经济与社会影响。

二、专业化特色工业小镇项目

加强诸如木乐休闲服饰小镇建设，加强对小镇自然、人文、经济、资源类型的了解，对此类专业化小镇进行合理规划，按照增量优化的方式，把工业区与生活区严格分开，把服装生产由家庭作坊模式全部转化为工业化模式，以便加强监管、防火和保障税收。工业小镇生产的产品基本为日常生活必需品，市场竞争程度较高，需要深化市场研究，建立具有共性技术的研究机构，跟踪国内外市场的变化趋势，提前推出新产品、新款式、新时尚，将有助于专业化工业小镇做大做强。

三、产业园区基础设施完善项目

基础设施建设具有一定的先行性，尤其是园区基础设施建设有助于保障大多数企业得到基本服务。建设好基础设施是吸引外来资本的前提与基础，需要抓紧时间弥补不足。除了一般供水、供电、供气、排水、平整土地、绿化、污水处理、垃圾处理等基础设施建设项目外，还要重视社会类基础设施建设项目诸如学校、医院、托儿育婴机构、培训机构等建设，提高基础设施保障程度。

第五节　培育循环发展绿色制造项目

根据贵港市产业园区产业类型多样的特点，适宜于开展多样化的循环经济、绿色制造项目。

一、固体废物综合利用项目

针对陶瓷、电力、钢铁、水泥等产业发展带来的资源开发，重点推进冶炼渣及尘泥、废渣、尾矿、煤电废渣等综合利用。

二、再生资源综合利用

未来的产业发展将朝着全生命周期服务的方向发展，产业发展也必然会带来废旧产品的回收和再利用问题。要未雨绸缪，在废旧金属、铅酸电池、废弃电器电子产品、报废汽车、建筑废弃物等领域，重点应用和推广高效破碎、成分快速检测、多金属综合回收利用等重大关键技术装备，推动废旧物品的回收和利用。

第六节　提供更好高端服务项目

一、新能源汽车研究院项目

在自治区工业和科技管理部门指导下，由贵港市工信委和科技局主导，相关园区协助、企业参与，组建贵港新能源汽车研究院，把其作为突破新能源汽车发展共性技术和关键技术的研究平台，着力开展新能源汽车的前沿技术研发、应用研发、中式和重大科技攻关，以及新能源汽车领域的项目孵化、技术创新和产业化，为新能源汽车的长远发展提供技术支撑。

以研究院为平台，加强与清华大学、同济大学、吉林大学等院校和相关协会之间的联系，定期举办学术会议、展示会和信息交流会，为新能源汽车的产品升级与商业化开发提供支持。

要用好研究院这一优质资源，加强与美国、日本、德国等国家政府部门、汽车企业之间的联系，吸引更多国外同类优质项目到贵港落户生根。

二、制造业创意设计中心

由工信部门牵头，建构工业设计研发与公共展示平台，建设连通国内外的工业设计数据库和知识库。紧跟全球工业设计潮流，发布流行款式、设计流程、制造业国内外设计信息，高度重视形象设计、视觉表达、造型设计与计算机辅助设计，为不同类型的企业提供高水平服务。要面向贵港制造业不断壮大对工业设计的需求，高度重视机械设计、电路设计、服装设计、平面设计、包装设计、广告设计、动画设计、展示设计、网站设计等技巧的开发，突出功能设计、结构设计、形态及包装设计，提高贵港市制造业产品、文化艺术制品和手工艺品的附加价值。

可以把工业设计中心向孵化中心的方向延伸，促进一些具有独特设计与开发能力的技术人员在"大众创业、万众创新"的背景下兴办企业，在市场上转化与出售自己的设计成果。

三、高端制造发展论坛项目

由工信委牵头，举办贵港高端制造发展论坛，可以定名为"贵港、贵识、贵业"三贵论坛。可以围绕国家促进制造业和战略性新兴产业发展，组织国内外、区内外专家到贵港交流，对国内外发展大势、中国制造业转型升级、创新驱动制造业发展、制造业发展的地区政策支持等问题分析时局、阐释政策、判断走向、提出建议；也可以围绕贵港制造业发展的重点产业，邀请国内的专家在参会的过程中加以解剖，研究问题、分析成因、提出改进发展意见。当然，高端制造发展论坛也应该办成官产学研资的对话平台，加强政府、企业、金融机构、学术界与协会等之间的联系，寻找破解贵港制造业做大做强的瓶颈性障碍，提升贵港制造品牌的影响力，并为贵港制造业进一步发展积累资源与人脉。

四、企业家沙龙

企业家沙龙可以由贵港的企业家，联系国内的学者与学术机构设立。

可以由企业家轮流坐庄、组织活动，就商业领袖成长、市场风险规避、行业发展动态、企业重大决策等一些重大热点问题进行非正式的交流。这类平台可以把发言、点评、探讨、休闲、才艺展示等融为一体，把思想碰撞和解惑释疑结合起来，把经验总结与观点分享结合起来，把主题聚焦与自由讨论结合起来，畅所欲言、各抒己见，使各类参与者能够深受其益。

参考文献

［1］亚当·斯密:《国富论》,商务印书馆,2015 年版。

［2］大卫·李嘉图:《政治经济学及赋税原理》,商务印书馆,1976 年版。

［3］伯尔蒂尔·奥林:《区域间贸易和国际贸易》,商务印书馆,1986 年版。

［4］埃尔赫南·赫尔普曼、保罗·克鲁格曼:《市场结构和对外贸易——报酬递增、不完全竞争和国际贸易》,上海三联书店,1993 年版。

［5］克里斯·弗里曼、罗克·苏特:《工业创新经济学》,北京大学出版社,2004 年版。

［6］迈克尔·波特:《国家竞争优势》,华夏出版社,2002 年版。

［7］约瑟夫·熊彼特:《经济发展理论》,商务印书馆,1991 年版。

［8］迈克尔·波特、杨世伟:《全球竞争力报告（2007－2008）》,经济管理出版社,2009 年版。

［9］Reid, C. D. : World competitiveness yearbook 1996. *Reference Reviews*.

［10］Deloitte Touche Tohmatsu Limited and the Council on Competitiveness in the US: 2016 *Global Manufacturing Competitiveness Index*, https: // www2. deloitte. com/us/en/pages/manufacturing/articles/global－manufacturing－competitiveness－index. html.

［11］陈佳贵、黄群慧:《中国工业化报告（2009）——15 个重点工

业行业现代化水平的评价与研究》，社会科学文献出版社，2009 年版。

[12] 黄群慧：《中国工业现代化水平的基本测评》，《中国工业经济》，2009 年第 9 期。

[13] 金碚、胥和平、谢晓霞：《中国工业国际竞争力报告》，《管理世界》，1997 年第 4 期。

[14] 金碚：《中国工业国际竞争力——理论、方法与实证研究》，经济管理出版社，1996 年版。

[15] 魏后凯、吴利学：《中国地区工业竞争力评价》，《中国工业经济》，2002 年第 11 期。

[16] 黄群慧：《中国的工业化进程：阶段、特征与前景》，《中国工业经济》，2013 年第 7 期。

[17] 张其仔：《中国产业竞争力报告（2016）——"一带一路"战略与贸易发展新动能的培育》，社会科学文献出版社，2016 年版。

[18] 武汉大学质量发展战略研究院中国质量观测课题组、程虹、李丹丹等：《2012 年中国质量发展观测报告》，《宏观质量研究》，2013 年第 1 期。

[19] 陈佳贵、黄群慧、钟宏武：《中国地区工业化进程的综合评价和特征分析》，《经济研究》，2006 年第 6 期。

[20] 约翰·科迪等：《发展中国家的工业发展政策》，经济科学出版社 1990 年版。

[21] 西蒙·库兹涅茨：《各国的经济增长》，商务印书馆，1999 年版。

[22] 文一：《伟大的中国工业革命》，清华大学出版社，2016 年版。

[23] 加里·皮萨诺、威利·史：《制造繁荣》，机械工业出版社，2014 年版。

[24] 汪海波：《新中国工业经济史》，经济管理出版社，1986 年版。

[25] 周民良：《依靠创新驱动改造提升制造业》，《经济日报》，2012

年 5 月 4 日。

［26］周民良：《积极加快制造强国建设：国际环境、国内资源与政策匹配》，《经济纵横》，2016 年第 4 期。

［27］周民良：《建设制造强国应重视弘扬工匠精神》，《经济纵横》，2017 年第 1 期。

［28］周民良：《新型工业化与中国技术创新战略》，《经济研究参考》，2004 年第 93 期。

［29］周民良：《论深入实施西部大开发战略》，《学习与实践》，2010 年第 5 期。

关于贵港制造业竞争力综合指数的测算

一、制造业竞争力评价体系的构建

构建制造业竞争力评价体系的总目标在于：在把握制造业核心要素和时代趋势的基础上，通过比较，全面准确了解贵港制造业发展现状和发展潜力，更好地为贵港"工业兴市、工业强市"战略实施提供助力，有效提升贵港制造业竞争力。为此，制造业竞争力评价体系的构建必须符合以下两点基本要求：一是全面性，即指标的选择要能够体现贵港制造业的综合实力；二是数据的可获得性和可比性，选取的指标必须可以量化，数据统计口径一致，指标的设立需要实现与历史数据以及广西各地市数据的比较。

综合考虑制造业竞争力的本质内涵、构成要素以及数据的可获得性等因素，选择一些可量化的指标，并综合使用因子分析和主观赋权两种方法，计算出竞争力综合指数（计算过程参见附件）。在规模竞争力方面，选择制造业增加值增速、制造业从业人员数、制造业企业单位数等指标，反映制造业的增加值、人员、企业方面的经济体量；在结构竞争力方面，选取企业平均规模、人均资本投入指标，反映制造业的企业组织结构和资本结构；在成本竞争力方面，选取制造业平均工资、城镇化率指标，反映制造业的劳动成本和劳动力数量；在效益竞争力方面，选取人均利润率指标，反映制造业经济效益；在品牌竞争力方面，选取制造业企业拥有的广西名牌数指标，反映品牌创新情况；在政策竞争力方面，考虑到投资对产业政策和宏观税负比较敏感，故选取固定资产投资增速、税收收入占 GDP 的比重用于反映政策环境；在区位竞争力和绿色竞争力方面，由于数据可获得性等原因，未能选择相应的指标进入竞争力综合指数分析。

本书分别采用因子分析和主观赋值法，对近年来贵港制造业竞争力进行综合评定，并就贵港与广西 13 个市的得分进行比较分析。

二、因子分析方法及分析结果

（一）因子分析方法简介

通过对各种评价方法适用性及优缺点的分析，为了实现贵港与广西 13 个地市制造业竞争力以及各年份贵港制造业竞争力的比较分析，本书拟采用因子分析方法进行贵港制造业竞争力的客观赋值综合评价。

因子分析方法是一种常见的多变量分析方法，可以按照变量之间的相关性对变量进行分类，将相关性较高的变量归为一组，并将每组变量用一个不可观测的综合变量来表示，这个综合变量被称作公共因子。原始变量就可以分解为公共因子的线性函数和特殊因子两部分。这样就可由研究原始变量相关矩阵内部的依赖关系出发，把一些具有错综复杂关系的变量归结为少数几个综合因子。

因子模型的表达式为：

$$X = AF + \varepsilon$$

其中，

$$X = \begin{bmatrix} X_1 \\ X_2 \\ \vdots \\ X_m \end{bmatrix}, \quad A = \begin{bmatrix} a_{11} & a_{12} & \cdots & a_{1n} \\ a_{21} & a_{22} & \cdots & a_{2n} \\ \cdots & \cdots & \cdots & \cdots \\ a_{m1} & a_{m2} & \cdots & a_{mn} \end{bmatrix}, \quad F = \begin{bmatrix} F_1 \\ F_2 \\ \vdots \\ F_n \end{bmatrix}, \quad \varepsilon = \begin{bmatrix} \varepsilon_1 \\ \varepsilon_2 \\ \vdots \\ \varepsilon_m \end{bmatrix}$$

上式中，$F = (F_1, F_2, \cdots, F_n)$ 即是 $X = (X_1, X_2, \cdots, X_m)$ 的公共因子，$\varepsilon = (\varepsilon_1, \varepsilon_2, \cdots, \varepsilon_m)$ 被称作变量的特殊因子。矩阵 $A = (a_{mn})_{m \times n}$ 即为待估系数矩阵，其中 a_{ij} 为第 i 个变量在第 j 个因子的载荷，因此矩阵 A 又被称为因子载荷矩阵。

（二）2015 年贵港制造业竞争力评价

从统计年鉴以及相关网站获取广西 14 个地市 2015 年制造业评价原始指标。其中，制造业平均工资和税收收入占 GDP 的比重与制造业竞争力呈反向相关，因此采用 14 个地市该项指标最大值减去各地市相应数值，以使得各地市制造业平均工资和税收收入占 GDP 的比重与制造业竞争力正相关。此外，由于各指标单位不一，需要无量纲处理后，方可利用 SPSS 22.0 进行因子分析。

采用主成分分析法计算因子载荷矩阵，并根据特征值大于 1 的原则抽取 4 个公共因子，其累积方差贡献率达 85.599%。就个别因子来看，因子 1 的贡献最大达 34.96%。附表 1-1 即为各因子特征值、方差贡献率、累积方差贡献率。

附表 1-1   2015 年总方差解释表

主因子	旋转前			旋转后		
	特征值	方差贡献率（%）	累积方差贡献率（%）	特征值	方差贡献率（%）	累积方差贡献率（%）
1	4.099	37.260	37.260	3.846	34.960	34.960
2	2.471	22.464	59.724	2.579	23.443	58.403
3	1.671	15.194	74.919	1.799	16.352	74.755
4	1.175	10.680	85.599	1.193	10.844	85.599

采用主成分分析法计算的因子载荷矩阵可以说明各主因子在各变量上的载荷，即影响程度。为使载荷矩阵中系数向 0~1 分化，对初始因子载荷矩阵进行方差最大旋转，旋转后的因子载荷矩阵如附表 1-2 所示。

附表 1-2　2015 年旋转后的因子载荷矩阵

指标	主因子			
	1	2	3	4
X_6	0.916	0.320	-0.113	-0.079
X_{10}	0.900	0.143	0.011	-0.043
X_5	0.894	0.379	-0.062	-0.044
X_2	0.823	-0.120	0.274	0.246
X_1	-0.679	0.519	0.284	0.273
X_8	-0.279	-0.920	-0.062	-0.002
X_7	-0.157	-0.906	0.127	-0.079
X_3	-0.066	0.580	0.542	-0.394
X_9	-0.247	0.080	0.817	0.060
X_4	0.302	-0.125	0.801	0.059
X_{11}	-0.209	0.053	0.058	0.938

提取方法：主成分

旋转法：具有 Kaiser 标准化的方差最大化正交旋转法。A 旋转在 6 次迭代后收敛。

　　利用旋转后的因子载荷矩阵，可以更好地理解每个主因子的经济含义以及其与各指标之间的数量关系。由旋转后的因子载荷矩阵可以看出，在 F_1 中，X_6（制造业企业单位数）、X_{10}（制造业企业拥有的广西名牌数）、X_5（制造业从业人员数）、X_2（城镇化率）、X_1（在岗职工平均工资），在 F_4 中，X_{11}（税收收入占 GDP 的比重）所具有的载荷因子较大，相关性高，因此，可合并命名为"规模质量因子"，该因子反映了对贵港市制造业发展过程中包括生产要素、需求条件等环境要素的评价。在 F_2 中，X_8（人均资本投入）、X_7（企业平均规模）、X_3（固定资产投资增速）载荷较大，故该因子可以被命名为"产业投入因子"，评价每年度贵港市制造业规模实力。F_3 则主要反映了 X_9（人均利润率）、X_4（制造业增加值增速）的情况，故可命名为"市场绩效因子"。

以各因子方差贡献率比累积方差贡献率为权重，可以得到综合因子得分公式：

$$F_{2015} = (34.960F_1 + 23.443F_2 + 16.352F_3 + 10.844F_4)/85.599$$

计算贵港市 2015 年度各单项因子得分 F_1、F_2、F_3、F_4 以及综合得分因子 $F_综$，如附表 1-3 所示。

附表 1-3　2015 年度因子得分

地区	F_1		F_2		F_3		F_4		$F_综$	
	得分	排名	得分	排名	得分	排名	得分	排名	得分	排名
南宁	1.916	2	0.147	6	0.442	4	-0.331	12	0.865	1
柳州	2.111	1	-0.686	12	-0.692	13	-0.089	10	0.531	3
桂林	0.768	3	0.863	4	0.045	7	-0.004	8	0.558	2
梧州	0.021	6	1.023	3	0.246	5	0.784	2	0.435	5
北海	-0.260	7	-0.356	9	1.605	2	0.737	3	0.196	7
防城港	0.138	5	-2.406	14	0.857	3	0.231	7	-0.410	10
钦州	-0.574	10	0.138	7	-0.503	10	-3.150	14	-0.692	13
贵港	-0.309	8	1.327	1	0.120	6	0.166	8	0.281	6
玉林	0.343	4	1.279	2	-0.225	9	0.429	9	0.502	4
百色	-0.552	9	-0.909	13	-0.598	11	-0.250	11	-0.620	12
贺州	-0.912	12	0.375	5	-0.152	8	0.415	6	-0.246	9
河池	-0.998	13	-0.416	10	-0.630	12	0.527	4	-0.575	11
来宾	-0.634	11	-0.483	11	-2.223	14	0.932	1	-0.698	14
崇左	-1.058	14	0.104	8	1.708	1	-0.397	13	-0.127	8

第一个主因子为规模质量因子，柳州、南宁、桂林分别位居前三名，而贵港排名第八，居于 14 个地市中游水平。这与广西制造业发展现状相匹配。柳州、南宁、桂林等地市由于发展较早，现有产业规模较大，产品质量较高，拥有大批企业荣获"广西名牌产品"称号，其制造业规模实力在

广西各地市中处于领先地位。与此同时，贵港市工业化、城镇化起步较晚，2015 年城镇化率仅为 46.52%，与南宁 2006 年的水平相当，城镇化、工业化水平进程相对滞后，制造业规模质量有待提高。

第二个主因子为"产业投入因子"，主要包括人均资本投入、企业平均规模、固定资产投资等指标。结果显示，在第二项主因子上，传统工业强市南宁排名第六，柳州排名第 12，贵港排名第一，说明近年来，传统工业强市投资增速逐步下降，而贵港制造业投资增长较快，"工业兴市、工业强市"取得初步成果。随着投资拉动效应的逐步显现，贵港制造业竞争力也必将随之大幅提升。

第三个主因子为"市场绩效因子"。结果显示，在该项主因子上，崇左因其较高的制造业企业人均利润率而排名第一，贵港市则排名第六。

从综合得分因子来看，广西各地市制造业竞争力排名前五的城市分别为南宁、桂林、柳州、玉林、梧州，而贵港市排名仅次于梧州，综合排名第六。作为传统工业强市的南宁、柳州、桂林等地市，因其现有产业规模实力而位居综合得分排名的前列，贵港、玉林等地市制造业竞争力的提升则得益于投资的不断增加。近年来，贵港市提出了"工业兴市、工业强市"的理念，并积极倡导"大招商、招大商"，投资增加后，制造业实现明显增长，产业规模实力不断增强，极大地促进贵港制造业竞争力的提升。

（三）贵港制造业竞争力变化

附图 1-1 显示，2005 年以来贵港在广西 14 个地市中制造业竞争力排名变化趋势。可以看出在样本期间内，贵港制造业的发展取得了丰硕的成果。2005 年，贵港制造业竞争力排名在 14 个地市中位居末席，2010 年排名升至第十，2013~2015 年连续三年排名第六，竞争力提升显著。

进一步考察可以发现，在样本期间内，贵港市制造业平均工资和税收收入占 GDP 比重两项指标，排名在 14 个地市中始终位居前列。较低的工资以及税收水平，是贵港市提高制造业竞争力的有力保证。城镇化水平、

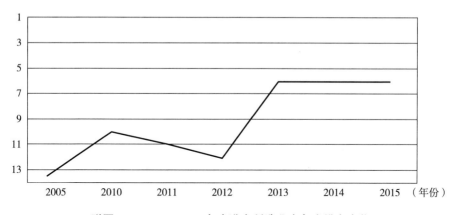

附图1-1　2005~2015年贵港市制造业竞争力排名变化

固定资产投资、制造业从业人员数、制造业企业单位数以及制造业企业拥有的广西名牌数等多项指标的排名不断提高，是贵港制造业竞争力提升的主要动力。与此同时，人均利润率、企业平均规模、人均资本投入等指标出现下滑，成为贵港制造业竞争力提升的主要瓶颈。

三、主观赋值法计算贵港制造业竞争力

由于固定资产从投资到交付使用存在时间差，便形成了固定资产投资的滞后效应。采用因子分析方法，难以反映固定资产投资等指标的当期效应，对于刻画制造业竞争力存在一定程度误差。本书拟采用指数加权的主观赋值法对贵港制造业竞争力再评价，并根据专家打分对各项指标进行赋权，对因子分析结果进行补充，使得贵港制造业竞争力评价更加客观全面。

指数加权分析法的基本公式为：

$$S = \sum P_i W_i$$

其中，P_i 为经过无量纲化处理后得到的测评值，该值乘以相应的权重 W_i 可得到一个分指标的分值，分别计算出各项分指标的分值后再进行加总

就得到本市的制造业竞争力综合指数。

本书采用各指标数据中的最大值与最小值为标杆值，百分制标准化公式为：

$$P_i = \frac{X_i - \min(X)}{\max(X) - \min(X)} \times 100$$

其中，$\max(X)$、$\min(X)$ 分别为各指标样本数据的最大值与最小值。

为确定各指标权数，本书组织多位产业经济领域学者、政府相关部门负责人以及企业管理人员，采用李克特量表（Likert scale），各自对指标进行独立打分，最后由笔者按照每人同权的决策控制方式，综合各位专家意见，确定指标体系最终权重。

2005~2015 年广西 14 个地市制造业竞争力指数得分和排名情况见附表 1-4。

根据课题组对广西各地市制造业竞争力指数测算结果，可以将 14 个地市分为四个阵列，综合指数 60 分以上的地市处于第一方阵，综合指数为 50~60 分的地市处于第二方阵，综合指数在 40~50 分的地市处于第三方阵，综合指数在 40 分以下的地市处于第四方阵。按照 2010~2015 年测评的制造业竞争力指数看，南宁、柳州、桂林处于制造业强市第一方阵；梧州、北海、贵港、崇左、玉林、防城港处于制造业强市第二方阵。

贵港制造业竞争力不断提升，与制造业强市差距不断缩小。2005 年以来，贵港市制造业竞争力综合指数不断提高，2010 年，贵港制造业竞争力综合指数提高到 43.28 分，进入第三阵营；2015 年，贵港制造业竞争力综合指数提高到 53.99 分，进入第二阵营。2005 年，贵港与柳州的综合指数差距为 20.72 分，与南宁相差 15.88 分，与桂林相差 14.87 分。2015 年，贵港与排名第一的南宁相差 11.61 分，与柳州相差 7.19 分，与桂林相差 3.32 分，可见其与制造业强市的差距在不断缩小。与此同时，南宁作为传统制造业强市，其制造业竞争力也在不断提高，2012 年，南宁制造业竞争力综合指数得分开始超越柳州，排名居广西各地市首位。

附表 1-4 2005~2015 年广西 14 个地市制造业竞争力指数得分和排名情况

排名	2005 年		2010 年		2011 年		2012 年		2013 年		2014 年		2015 年	
1	柳州	54.88	柳州	61.39	柳州	69.55	柳州	65.44	南宁	65.08	南宁	65.45	南宁	65.60
2	南宁	50.04	南宁	55.86	桂林	60.59	南宁	62.29	柳州	62.81	柳州	62.12	柳州	61.18
3	桂林	49.03	防城港	55.25	南宁	55.63	梧州	56.31	梧州	59.21	北海	57.87	桂林	57.31
4	防城港	47.57	桂林	51.10	防城港	52.12	北海	53.96	桂林	56.91	桂林	54.02	北海	56.87
5	北海	45.80	玉林	48.84	贵港	48.58	贵港	53.70	北海	56.18	贵港	46.17	崇左	54.73
6	百色	44.89	北海	48.51	梧州	47.60	桂林	51.82	玉林	50.12	梧州	45.76	贵港	53.99
7	崇左	44.68	梧州	47.99	玉林	44.75	防城港	49.82	贵港	49.19	河池	45.70	梧州	52.68
8	贺州	43.91	来宾	44.71	贵港	43.25	玉林	47.24	崇左	48.44	贺州	44.78	防城港	48.76
9	梧州	42.45	贵港	43.28	崇左	42.51	崇左	43.14	河池	45.74	玉林	44.44	玉林	48.05
10	河池	39.37	崇左	38.78	河池	41.02	贺州	42.24	防城港	44.85	防城港	42.37	河池	43.52
11	来宾	37.98	河池	38.55	贺州	38.83	来宾	39.36	贺州	43.29	崇左	41.73	贺州	40.63
12	玉林	34.51	钦州	35.45	来宾	38.26	钦州	37.35	百色	43.15	百色	33.24	百色	38.95
13	贵港	34.16	贺州	30.24	钦州	32.62	河池	35.73	钦州	31.85	来宾	27.61	钦州	30.26
14	钦州	27.02	百色	28.61	百色	31.78	百色	35.56	来宾	26.34	钦州	26.58	来宾	27.08

贵港进入制造业发展提速期。2015 年，因较高固定资产投资和人均利润，崇左制造业竞争力取得大幅进步。贵港在 14 个地市中排名第二，增幅仅次于崇左，综合指数得分 53.99 分，较 2014 年的 46.17 分提高 7.82 分，防城港等地市也同样取得较大增长。投资拉动作用逐渐显现。河池、贺州等地市则出现了竞争力下滑的现象。值得注意的是，近年来，广西多个地市制造业综合指数同时大幅提升，综合实力同样取得显著的进步，竞争日趋激烈。

四、小结

因子分析方法和主观赋值法的结合，使得指标体系既体现规模性，又强调增长性；既反映现状，又体现潜力。同时，通过两种评价分析方法的独立测评，也得到了一些一致性的结论。

第一，目前贵港市制造业竞争力居于广西中等偏上水平。因子分析结果表明，2015 年，贵港制造业竞争力在广西 14 个地市中排名第六。主观赋值结果表明，2015 年贵港市制造业竞争力综合指数得分 53.99 分，进入制造业强市第二方阵。两者结果相似。同时也可以看出，南宁、柳州、桂林等市制造业竞争力强大，始终占据竞争力排名前三。

第二，2005 年以来，贵港制造业竞争力取得显著提升。因子分析结果表明，贵港制造业竞争力排名由第 13 名上升至第六名。从主观赋值结果来看，贵港由第四方阵进入第二方阵，同样取得显著进步。同时值得注意的是，在样本期间内，作为传统制造业强市的南宁实现了制造业的新发展，超越柳州，成为广西制造业第一强市。来宾、防城港等市制造业竞争力也实现了大幅提升。自治区整体进入制造业的大发展时期，竞争日趋激烈。

第三，规模是制造业竞争力提升的重要保障。南宁、柳州、桂林等市制造业竞争力长期居于广西各地市前列，很大程度上依赖于工业化、城镇化进程较早，既有制造业规模实力强大。投资是制造业竞争力提升的主要动力。近年来，贵港、来宾等地市制造业竞争力不断提升，主要动力即在于投资拉动。随着投资效应的逐步显现，贵港市制造业竞争力也必将进一步提高。创新是制造业提升的潜在机遇。技术水平相对落后、人均利润低，是广西各地市制造业企业面临的共性问题。实现技术突破，提高质量效益，必须依靠创新引领，在引进消化吸收新技术的基础上，力争微创新、再创新、实现制造业的弯道超车。

附件：

附表 1-5   2005 年总方差解释表

主因子	旋转前			旋转后		
	特征值	方差贡献率（%）	累积方差贡献率（%）	特征值	方差贡献率（%）	累积方差贡献率（%）
1	4.144	37.67	37.67	3.135	28.496	28.496
2	2.674	24.306	61.976	2.553	23.205	51.701
3	1.424	12.946	74.922	2.092	19.016	70.717
4	1.247	11.338	86.26	1.71	15.543	86.26

附表 1-6   2005 年旋转后的因子载荷矩阵

指标	主因子			
	1	2	3	4
X_4	-0.898	-0.199	0.192	0.002
X_5	0.862	-0.111	0.348	0.145
X_6	0.843	-0.237	0.441	0.067
X_{10}	0.821	-0.018	0.379	0.197
X_8	-0.129	0.908	0.077	0.24
X_7	0.016	0.854	0.179	0.302
X_9	0.045	0.85	-0.195	-0.406

续表

指标	主因子			
	1	2	3	4
X_{11}	−0.216	0.134	−0.836	0.172
X_3	−0.22	−0.335	−0.694	−0.092
X_1	−0.106	−0.122	0.278	−0.885
X_2	0.277	0.15	0.512	0.714

提取方法：主成分

旋转法：具有 Kaiser 标准化的方差最大化正交旋转法。A 旋转在 5 次迭代后收敛。

附表 1-7　2005 年度因子得分

地区	F_1		F_2		F_3		F_4		$F_综$	
	得分	排名	得分	排名	得分	排名	得分	排名	得分	排名
南宁	1.353	2	−0.468	9	1.408	2	−0.075	8	0.618	2
柳州	1.249	3	1.307	2	1.057	3	1.290	2	1.230	1
桂林	1.453	1	−0.662	10	0.277	6	−0.226	9	0.322	3
梧州	0.383	6	−0.737	11	−0.345	9	0.648	4	−0.031	6
北海	−1.068	12	0.537	5	0.308	5	2.098	1	0.237	5
防城港	−1.530	13	0.787	3	0.775	4	0.116	6	−0.102	8
钦州	−1.566	14	−1.438	14	1.746	1	−0.978	12	−0.696	14
贵港	−0.513	11	−0.880	12	−1.501	13	0.792	3	−0.595	13
玉林	0.765	4	−0.932	13	−0.574	10	0.012	7	−0.123	8
百色	0.499	5	0.772	4	−0.683	11	−1.466	14	−0.042	7
贺州	−0.263	9	−0.395	8	−1.510	14	0.497	5	−0.437	12
河池	−0.145	7	−0.362	7	0.087	7	−0.802	10	−0.270	10
来宾	−0.166	8	2.112	1	−0.328	8	−0.906	11	0.277	4
崇左	−0.450	10	0.360	6	−0.717	12	−1.000	13	−0.390	11

附表 1-8　2010 年总方差解释表

主因子	旋转前			旋转后		
	特征值	方差贡献率（%）	累积方差贡献率（%）	特征值	方差贡献率（%）	累积方差贡献率（%）
1	4.055	36.868	36.868	3.744	34.034	34.034
2	2.226	20.239	57.107	2.398	21.796	55.83
3	2.087	18.971	76.077	2.227	20.247	76.077

附表 1-9　2010 年旋转后的因子载荷矩阵

指标	主因子		
	1	2	3
X_{10}	0.955	0.028	-0.179
X_6	0.933	-0.177	-0.06
X_5	0.928	-0.166	-0.053
X_2	0.669	0.045	0.616
X_{11}	-0.502	0.053	-0.183
X_8	-0.366	0.842	-0.097
X_7	-0.289	0.766	-0.332
X_9	-0.132	0.763	0.484
X_4	-0.241	-0.628	-0.006
X_3	0.151	0.086	0.906
X_1	-0.292	-0.231	0.775

提取方法：主成分

旋转法：具有 Kaiser 标准化的方差最大化正交旋转法。A 旋转在 4 次迭代后收敛。

附表 1-10　2010 年度因子得分

地区	F_1		F_2		F_3		$F_综$	
	得分	排名	得分	排名	得分	排名	得分	排名
南宁	2.193	1	0.028	7	0.214	7	1.046	1

续表

地区	F_1		F_2		F_3		$F_综$	
	得分	排名	得分	排名	得分	排名	得分	排名
柳州	1.782	2	0.693	4	0.146	9	1.034	2
桂林	1.199	3	-0.092	8	-0.705	5	0.322	3
梧州	0.180	4	-1.016	13	-0.067	10	-0.229	9
北海	-0.458	8	-1.016	13	1.156	2	-0.188	8
防城港	-0.608	11	2.375	1	1.490	1	0.805	3
钦州	-0.737	12	-1.007	11	-1.486	13	-1.014	14
贵港	-0.557	10	-0.877	10	0.808	3	-0.285	10
玉林	0.029	5	-1.172	14	0.717	11	-0.132	6
百色	-0.441	7	0.884	2	-1.894	14	-0.448	13
贺州	-0.310	6	-0.164	9	0.327	6	-0.098	5
河池	-0.539	9	0.746	3	-1.271	12	-0.366	12
来宾	-0.988	14	0.092	6	0.397	5	-0.310	11
崇左	-0.745	13	0.524	5	0.170	8	-0.138	7

附表 1-11　2011 年总方差解释表

主因子	旋转前			旋转后		
	特征值	方差贡献率（%）	累积方差贡献率（%）	特征值	方差贡献率（%）	累积方差贡献率（%）
1	4.097	37.244	37.244	3.714	33.764	33.764
2	2.068	18.801	56.045	2.213	20.119	53.883
3	1.823	16.569	72.614	1.869	16.991	70.874
4	1.313	11.939	84.553	1.505	13.679	84.553

附表 1-12　2011 年旋转后的因子载荷矩阵

指标	主因子			
	1	2	3	4
X_5	0.959	0.178	-0.063	-0.096

续表

指标	主因子			
	1	2	3	4
X_6	0.957	0.2	−0.028	−0.042
X_{10}	0.934	0.09	−0.033	−0.043
X_2	0.655	0.213	0.141	0.628
X_7	−0.299	−0.875	0.03	−0.02
X_8	−0.361	−0.74	0.179	0.423
X_1	−0.519	0.712	0.019	−0.029
X_3	0.214	0.433	0.183	0.151
X_4	−0.081	0.19	0.945	0.055
X_{11}	0.006	0.188	−0.892	0.315
X_9	−0.185	−0.094	−0.296	0.89

提取方法：主成分

旋转法：具有 Kaiser 标准化的方差最大化正交旋转法。A 旋转在 5 次迭代后收敛。

附表 1-13　2011 年度因子得分

地区	F_1		F_2		F_3		F_4		$F_综$	
	得分	排名	得分	排名	得分	排名	得分	排名	得分	排名
南宁	1.707	2	0.910	2	0.520	3	0.366	4	1.062	1
柳州	2.213	1	−1.139	12	−0.185	7	0.251	5	0.616	2
桂林	0.854	3	0.219	8	−0.189	8	−0.230	10	0.318	4
梧州	0.213	5	1.375	1	0.151	5	−0.113	7	0.424	3
北海	−0.681	11	0.741	4	0.889	2	0.807	2	0.214	6
防城港	−0.590	10	−1.281	13	0.258	4	2.803	1	−0.035	8
钦州	−0.486	8	−0.636	11	2.858	1	−1.299	14	0.019	7
贵港	−0.347	7	0.470	6	−1.182	14	−0.052	6	−0.273	11
玉林	0.615	4	0.686	5	−0.535	11	−0.463	11	0.226	5

续表

地区	F_1		F_2		F_3		F_4		$F_综$	
	得分	排名	得分	排名	得分	排名	得分	排名	得分	排名
百色	-0.253	6	-2.154	14	-0.759	12	-1.107	13	-0.945	14
贺州	-0.894	13	0.859	3	-0.356	10	-0.226	9	-0.261	9
河池	-0.759	12	-0.340	10	-1.048	13	-0.940	12	-0.747	13
来宾	-0.510	9	-0.096	9	-0.080	6	-0.168	8	-0.270	10
崇左	-1.080	14	0.387	7	-0.342	9	0.371	3	-0.348	12

附表1-14 2012年总方差解释表

主因子	旋转前			旋转后		
	特征值	方差贡献率（%）	累积方差贡献率（%）	特征值	方差贡献率（%）	累积方差贡献率（%）
1	4.358	39.622	39.622	3.678	33.435	33.435
2	2.225	20.225	59.848	2.231	20.285	53.72
3	1.904	17.305	77.153	2.137	19.424	73.144
4	1.188	10.801	87.954	1.629	14.81	87.954

附表1-15 2012年旋转后的因子载荷矩阵

指标	主因子			
	1	2	3	4
X_6	0.969	-0.161	-0.036	0.087
X_{10}	0.959	-0.053	0.074	0.032
X_5	0.952	-0.171	-0.064	0.146
X_{11}	-0.534	-0.219	-0.521	-0.237
X_7	-0.221	0.885	-0.043	-0.181
X_8	-0.263	0.864	0.143	-0.309
X_1	-0.252	-0.742	0.108	-0.466

续表

指标	主因子			
	1	2	3	4
X_9	-0.116	0.022	0.906	-0.12
X_4	0.005	-0.11	0.753	0.547
X_2	0.643	-0.048	0.648	0.111
X_3	0.141	-0.176	0.108	0.933

提取方法：主成分

旋转法：具有 Kaiser 标准化的方差最大化正交旋转法。A 旋转在 5 次迭代后收敛。

附表 1-16　2012 年度因子得分

地区	F_1		F_2		F_3		F_4		$F_综$	
	得分	排名	得分	排名	得分	排名	得分	排名	得分	排名
南宁	2.027	2	-0.208	7	0.683	3	-0.140	11	0.850	2
柳州	1.989	1	0.874	3	-0.258	9	0.146	10	0.925	1
桂林	0.815	3	-0.376	9	0.111	6	0.329	5	0.303	4
梧州	0.265	5	-1.052	12	0.337	4	0.330	4	-0.012	7
北海	-0.764	11	-0.229	8	2.151	1	0.318	6	0.185	6
防城港	-0.550	9	1.754	2	1.771	2	-0.646	13	0.478	3
钦州	-0.565	10	0.489	4	-1.179	14	0.250	8	-0.320	10
贵港	-0.291	7	-1.288	14	-0.205	8	-0.280	12	-0.500	12
玉林	0.453	3	-0.886	11	-0.783	10	0.493	3	-0.122	8
百色	-0.385	8	1.876	1	-0.954	13	0.976	1	0.240	5
贺州	-0.931	13	-1.109	13	-0.145	7	0.170	9	-0.613	13
河池	-0.284	6	0.140	6	-0.877	11	-3.153	14	-0.800	14
来宾	-0.767	12	0.434	5	-0.883	12	0.913	2	-0.233	9
崇左	-1.012	14	-0.417	10	0.230	5	0.294	7	-0.381	11

附表1-17　2013年总方差解释表

主因子	旋转前			旋转后		
	特征值	方差贡献率（%）	累积方差贡献率（%）	特征值	方差贡献率（%）	累积方差贡献率（%）
1	4.065	36.957	36.957	3.816	34.687	34.687
2	2.476	22.508	59.465	2.417	21.97	56.657
3	2.055	18.678	78.143	1.934	17.577	74.235
4	1.18	10.729	88.872	1.61	14.637	88.872

附表1-18　2013年旋转后的因子载荷矩阵

指标	主因子			
	1	2	3	4
X_6	0.971	0.183	-0.045	-0.052
X_5	0.959	0.195	-0.03	-0.088
X_{10}	0.938	0	0	0.038
X_2	0.716	-0.055	0.495	0.317
X_8	-0.433	-0.875	-0.049	0.064
X_7	-0.293	-0.852	-0.09	-0.151
X_1	-0.464	0.83	0.122	-0.042
X_4	0.154	0.068	0.951	-0.075
X_9	-0.213	0.16	0.859	0.339
X_3	-0.049	0.233	-0.118	-0.901
X_{11}	-0.026	0.275	0.059	0.733

提取方法：主成分

旋转法：具有Kaiser标准化的方差最大化正交旋转法。A旋转在6次迭代后收敛。

附表1-19　2013年度因子得分

地区	F_1		F_2		F_3		F_4		$F_综$	
	得分	排名	得分	排名	得分	排名	得分	排名	得分	排名
南宁	1.870	2	0.120	8	0.272	6	-0.140	9	0.790	1
柳州	2.054	1	-1.121	12	-0.260	8	0.617	4	0.575	2

续表

地区	F_1		F_2		F_3		F_4		$F_{综}$	
	得分	排名	得分	排名	得分	排名	得分	排名	得分	排名
桂林	0.895	3	0.483	5	0.186	7	0.025	7	0.510	3
梧州	0.148	5	1.240	2	0.703	4	-0.642	12	0.398	5
北海	-0.647	11	0.229	7	1.738	1	0.302	6	0.197	7
防城港	-0.359	7	-2.058	14	1.297	2	0.836	3	-0.255	10
钦州	-0.413	8	-0.719	11	-0.501	11	-2.422	14	-0.837	14
贵港	-0.145	6	1.183	3	-0.369	9	0.340	5	0.219	6
玉林	0.587	4	1.276	1	-0.389	10	-0.317	10	0.416	4
百色	-0.537	9	-1.328	13	-0.699	12	-0.933	13	-0.830	13
贺州	-0.919	13	0.507	4	0.313	5	1.008	2	-0.005	8
河池	-0.798	12	0.099	9	-1.168	13	-0.469	11	-0.595	12
来宾	-0.640	10	-0.168	10	-2.063	14	1.791	1	-0.404	11
崇左	-1.095	14	0.256	6	0.938	3	0.006	8	-0.178	9

附表1-20 2014年总方差解释表

主因子	旋转前			旋转后		
	特征值	方差贡献率（%）	累积方差贡献率（%）	特征值	方差贡献率（%）	累积方差贡献率（%）
1	4.258	38.708	38.708	3.645	33.135	33.135
2	2.417	21.974	60.682	2.964	26.947	60.082
3	1.722	15.652	76.334	1.788	16.252	76.334

附表1-21 2014年旋转后的因子载荷矩阵

指标	主因子		
	1	2	3
X_{10}	0.911	-0.202	-0.001
X_6	0.906	-0.381	-0.092
X_5	0.896	-0.367	-0.056

续表

指标	主因子		
	1	2	3
X_2	0.81	0.092	0.352
X_1	−0.648	−0.484	0.461
X_7	−0.151	0.902	−0.18
8	−0.244	0.878	−0.199
X_4	0.053	0.682	0.39
X_3	0.175	−0.586	−0.013
X_9	0.018	0.034	0.902
X_{11}	0.009	−0.08	0.634

提取方法：主成分

旋转法：具有 Kaiser 标准化的方差最大化正交旋转法。A 旋转在 5 次迭代后收敛。

附表1-22　2014年度因子得分

地区	F_1		F_2		F_3		$F_综$	
	得分	排名	得分	排名	得分	排名	得分	排名
南宁	1.871	2	−0.458	9	−0.005	8	0.649	2
柳州	2.222	1	0.500	5	−0.565	11	1.021	1
桂林	0.738	3	−0.691	10	0.419	4	0.165	5
梧州	−0.002	6	−0.710	11	0.728	3	−0.096	7
北海	−0.199	7	0.658	3	1.932	1	0.557	4
防城港	0.153	5	2.504	1	0.245	6	1.003	3
钦州	−0.558	10	−0.078	8	−2.203	14	−0.739	14
贵港	−0.871	13	0.335	6	1.126	2	−0.020	6
玉林	0.262	4	−1.179	13	−0.046	9	−0.312	10
百色	−0.518	9	0.670	2	−1.120	13	−0.227	9
贺州	−0.962	14	−0.919	12	0.256	5	−0.688	13
河池	−0.842	11	0.619	4	−0.170	10	−0.183	8
来宾	−0.846	12	0.041	7	−0.814	12	−0.526	11
崇左	−0.446	8	−1.292	14	0.216	7	−0.604	12

附表 1-23 2005 年广西各地市制造业竞争力综合指数得分

指标	南宁	柳州	桂林	梧州	北海	防城港	钦州	贵港	玉林	百色	贺州	河池	来宾	崇左	权重
制造业平均工资	7.61	0.00	5.66	9.08	8.06	7.11	10.91	9.38	5.12	5.85	8.75	9.23	4.64	8.25	0.11
城镇化率	10.32	10.91	5.02	6.29	10.02	8.32	0.21	1.20	3.89	0.00	2.38	1.65	0.48	0.28	0.11
固定资产投资增速	4.21	0.00	3.61	3.93	2.65	4.76	4.79	0.35	4.96	11.12	12.73	6.37	1.35	10.59	0.13
制造业增加值增速	0.00	0.92	1.10	1.13	4.23	5.84	7.27	4.66	0.46	0.97	1.95	2.87	1.10	3.99	0.07
制造业从业人员数	5.51	7.27	5.29	2.61	0.80	0.00	1.39	1.49	5.27	2.25	0.48	2.27	0.90	1.05	0.07
制造业企业单位数	5.45	4.21	5.02	1.76	0.51	0.00	1.29	0.84	2.96	1.42	0.36	1.48	0.23	0.66	0.05
企业平均规模	1.31	7.27	0.65	1.19	2.93	4.88	0.00	1.77	0.72	2.37	1.16	1.04	4.93	1.76	0.07
人均资本投入	1.84	3.91	1.01	0.18	4.58	3.16	0.14	1.50	0.00	2.56	1.69	1.39	5.45	1.62	0.05
人均利润率	2.48	5.25	2.61	1.35	3.07	4.72	0.00	1.52	1.09	8.71	2.57	3.32	9.09	8.31	0.09
制造业企业拥有的广西名牌数	11.31	11.55	12.73	6.36	1.89	0.00	0.24	2.12	0.94	3.77	0.94	3.30	1.41	0.00	0.13
税收收入占 GDP 的比重	0.00	3.57	6.33	8.57	7.08	8.77	0.78	9.34	9.10	5.87	10.91	6.45	8.40	8.17	0.11
总计	50.04	54.88	49.03	42.45	45.80	47.57	27.02	34.16	34.51	44.89	43.91	39.37	37.98	44.68	1

附表 1-24 2010 年广西各地市制造业竞争力综合指数得分

指标	南宁	柳州	桂林	梧州	北海	防城港	钦州	贵港	玉林	百色	贺州	河池	来宾	崇左	权重
制造业平均工资	8.41	0.00	6.69	8.16	9.10	5.73	8.45	10.04	4.70	3.14	10.91	10.89	5.13	8.58	0.07
城镇化率	9.98	10.91	4.66	6.28	8.44	8.31	1.57	5.22	4.99	0.00	3.33	0.29	2.52	1.21	0.09
固定资产投资增速	9.07	11.16	7.87	9.09	11.57	12.73	0.27	8.22	8.54	0.00	9.99	2.20	12.02	11.20	0.05

续表

指标	南宁	柳州	桂林	梧州	北海	防城港	钦州	贵港	玉林	百色	贺州	河池	来宾	崇左	权重
制造业增加值增速	0.47	2.03	2.12	4.69	7.27	1.04	6.48	2.37	3.02	2.58	1.89	0.00	3.29	0.13	0.05
制造业从业人员数	6.96	7.27	4.97	4.23	1.31	0.00	1.11	2.06	5.09	1.77	0.25	1.51	0.82	0.62	0.07
制造业企业单位数	5.45	3.90	3.24	1.53	0.36	0.00	1.51	1.27	3.00	0.51	0.24	0.57	0.18	0.03	0.11
企业平均规模	0.48	4.14	0.73	0.76	1.81	5.11	1.26	1.19	0.00	7.27	0.09	5.63	4.48	3.18	0.07
人均资本投入	1.88	2.04	2.44	0.85	2.07	9.09	0.00	3.91	1.61	2.04	0.89	1.46	1.96	3.79	0.13
人均利润率	0.59	2.02	0.53	0.02	0.78	5.45	2.29	0.91	0.00	3.15	0.72	2.94	2.49	1.66	0.11
制造业企业拥有的广西名牌数	11.94	12.73	11.55	4.31	2.35	0.59	2.35	2.74	2.35	2.94	1.17	3.72	1.17	0.00	0.13
税收收入占GDP的比重	0.00	5.19	6.30	8.08	3.46	7.81	10.14	10.91	9.98	5.21	0.76	9.34	10.65	8.39	0.11
总计	55.25	61.39	51.10	47.99	48.51	55.86	35.45	43.28	48.84	28.61	30.24	38.55	44.71	38.78	1

附表 1-25 2011 年广西各地市制造业竞争力综合指数得分

指标	南宁	柳州	桂林	梧州	北海	防城港	钦州	贵港	玉林	百色	贺州	河池	来宾	崇左	权重
制造业平均工资	10.91	8.57	0.00	5.19	10.53	4.98	6.99	9.97	5.56	2.65	9.65	10.84	4.95	9.45	0.11
城镇化率	8.51	10.12	10.91	4.68	6.34	8.43	1.59	5.29	5.06	0.00	3.34	0.21	2.52	1.19	0.11
固定资产投资增速	3.68	11.22	6.60	5.39	10.67	6.13	5.39	0.00	8.34	0.69	6.87	4.65	12.73	9.56	0.13
制造业增加值增速	5.81	3.26	1.54	3.04	3.40	2.75	7.27	0.45	1.88	0.99	2.35	0.00	2.53	2.39	0.07
制造业从业人员数	1.18	7.27	6.97	4.51	3.86	0.01	1.00	1.92	5.48	1.74	0.00	1.34	0.88	0.58	0.07
制造业企业单位数	0.26	5.45	4.50	3.40	1.95	0.17	0.74	1.51	3.31	0.43	0.18	0.69	0.36	0.00	0.05
企业平均规模	2.50	0.61	3.09	0.57	0.40	4.49	3.47	0.69	0.00	7.27	0.31	4.19	3.25	3.16	0.07

续表

指标	南宁	柳州	桂林	梧州	北海	防城港	钦州	贵港	玉林	百色	贺州	河池	来宾	崇左	权重
人均资本投入	1.55	0.87	2.73	0.91	0.15	9.09	4.48	1.26	0.00	4.29	2.20	4.01	3.19	2.46	0.09
人均利润率	2.72	1.97	1.81	2.32	1.59	5.45	0.00	2.86	1.73	1.70	1.70	1.50	1.56	3.50	0.05
制造业企业拥有的广西名牌数	1.41	11.88	12.73	8.77	6.79	0.57	1.70	3.39	2.83	2.55	1.41	3.11	0.57	0.00	0.13
税收收入占 GDP 的比重	9.06	8.32	9.71	9.80	9.95	10.05	0.00	10.91	10.56	9.48	10.81	10.48	10.71	10.24	0.11
总计	47.60	69.55	60.59	48.58	55.63	52.12	32.62	43.25	44.75	31.78	38.83	41.02	43.25	42.51	1

附表 1-26　2012 年广西各地市制造业竞争力综合指数得分

指标	南宁	柳州	桂林	梧州	北海	防城港	钦州	贵港	玉林	百色	贺州	河池	来宾	崇左	权重
制造业平均工资	6.15	0.86	10.44	3.66	7.53	2.15	4.13	10.50	4.68	0.00	6.79	10.91	4.16	8.67	0.11
城镇化率	10.16	10.91	6.53	4.98	8.52	8.48	1.66	5.34	5.13	0.00	3.50	0.21	2.53	1.20	0.11
固定资产投资增速	11.30	11.46	12.73	11.35	10.26	8.59	9.21	11.45	11.13	11.77	11.31	0.00	12.51	11.63	0.13
制造业增加值增速	3.99	2.99	4.03	4.15	7.27	3.86	2.97	2.82	3.23	2.63	2.63	0.00	3.06	3.81	0.07
制造业从业人员数	6.56	7.27	3.90	4.72	0.99	0.00	1.11	2.14	5.37	1.47	0.14	1.04	0.66	1.01	0.07
制造业企业单位数	5.45	4.41	1.78	3.38	0.26	0.12	0.78	1.57	3.24	0.55	0.20	0.58	0.37	0.00	0.05
企业平均规模	1.50	4.23	1.29	1.24	3.59	5.39	3.92	1.04	0.30	7.27	0.00	5.20	3.71	3.75	0.07
人均资本投入	4.09	2.93	2.87	5.31	7.73	9.09	0.00	3.63	2.22	1.84	5.03	2.57	0.91	5.13	0.09
人均利润率	0.97	1.71	0.24	0.64	1.47	5.45	2.50	0.67	0.00	3.02	0.53	2.91	2.35	0.96	0.05
制造业企业拥有的广西名牌数	12.12	12.73	4.85	9.70	1.21	0.91	0.91	3.64	2.73	1.82	1.21	1.82	0.30	0.00	0.13
税收收入占 GDP 的比重	0.00	5.94	3.17	7.20	5.13	5.78	10.15	10.91	9.23	5.18	10.89	10.49	8.81	6.98	0.11
总计	62.29	65.44	51.82	56.31	53.96	49.82	37.35	53.70	47.24	35.56	42.24	35.73	39.36	43.14	1

附表 1-27 2013 年广西各地市制造业竞争力综合指数得分

指标	南宁	柳州	桂林	梧州	北海	防城港	钦州	贵港	玉林	百色	贺州	河池	来宾	崇左	权重
制造业平均工资	4.87	0.00	4.99	10.91	9.50	0.67	4.73	9.86	6.80	2.83	8.75	8.85	5.83	8.97	0.11
城镇化率	10.20	10.91	5.01	6.51	8.45	8.41	1.63	5.27	5.11	0.00	3.51	0.34	2.44	1.27	0.11
固定资产投资增速	6.66	4.44	7.54	10.27	5.75	1.98	12.73	7.81	10.32	11.98	3.85	12.11	0.00	7.22	0.13
制造业增加值增速	5.60	4.34	5.77	6.51	7.27	7.17	3.10	4.24	4.97	3.94	4.74	3.00	0.00	5.97	0.07
制造业从业人员数	6.46	7.27	4.36	3.82	0.84	0.10	1.09	2.13	5.37	1.33	0.00	0.83	0.45	0.33	0.07
制造业企业单位数	5.45	4.44	3.26	1.82	0.25	0.12	0.79	1.73	3.17	0.51	0.16	0.49	0.34	0.00	0.05
企业平均规模	1.25	4.15	1.03	1.07	3.15	5.11	3.71	0.71	0.00	7.27	1.37	4.30	2.92	3.36	0.07
人均资本投入	3.50	2.45	4.65	4.69	9.09	5.96	0.64	3.12	2.03	0.64	7.23	0.00	1.01	8.77	0.09
人均利润率	1.28	2.28	0.94	0.41	1.93	5.45	3.15	0.94	0.00	4.05	2.50	3.36	2.92	2.47	0.05
制造业企业拥有的广西名牌数	11.90	12.73	9.41	4.15	0.00	0.28	0.28	2.49	1.94	1.38	0.28	1.66	0.28	0.28	0.13
税收收入占 GDP 的比重	7.91	9.82	9.97	9.06	9.93	9.59	0.00	10.90	10.41	9.23	10.91	10.79	10.13	9.80	0.11
总计	65.08	62.81	56.91	59.21	56.18	44.85	31.85	49.19	50.12	43.15	43.29	45.74	26.34	48.44	1

附表 1-28 2014 年广西各地市制造业竞争力综合指数得分

指标	南宁	柳州	桂林	梧州	北海	防城港	钦州	贵港	玉林	百色	贺州	河池	来宾	崇左	权重
制造业平均工资	5.48	0.00	5.86	9.97	10.15	2.65	5.58	10.91	7.36	4.43	9.28	9.60	7.81	8.73	0.11
城镇化率	9.88	10.91	4.94	6.23	8.37	8.21	1.30	4.96	4.95	0.00	3.40	0.24	2.60	1.00	0.11
固定资产投资增速	8.80	7.55	8.06	2.62	7.42	0.00	8.31	8.44	8.25	4.29	12.73	6.84	0.13	3.33	0.13

续表

指标	南宁	柳州	桂林	梧州	北海	防城港	钦州	贵港	玉林	百色	贺州	河池	来宾	崇左	权重
制造业增加值增速	2.56	1.71	2.41	1.30	7.27	5.97	2.81	0.00	2.36	1.76	0.20	3.96	0.55	2.91	0.07
制造业从业人员数	6.44	7.27	5.01	3.75	1.08	0.10	1.37	2.17	5.27	1.45	0.00	0.77	0.46	0.29	0.07
制造业企业单位数	5.45	4.63	3.26	1.80	0.29	0.10	0.84	1.79	3.19	0.74	0.21	0.29	0.42	0.00	0.05
企业平均规模	1.66	4.93	1.33	1.43	4.28	7.27	3.85	0.95	0.00	6.71	1.71	7.02	3.26	4.19	0.07
人均资本投入	4.43	3.02	4.50	5.92	7.72	4.29	0.00	3.62	2.60	1.62	5.09	2.24	0.43	9.09	0.09
人均利润率	1.27	2.23	0.69	0.43	1.71	5.45	2.17	0.91	0.00	3.25	2.35	3.51	2.66	2.40	0.05
制造业企业拥有的广西名牌数	12.73	11.18	7.05	3.78	0.52	0.00	0.34	2.75	1.38	0.69	0.17	1.55	0.17	0.86	0.13
税收收入占 GDP 的比重	6.74	8.69	10.91	8.52	9.06	8.33	0.00	9.67	9.09	8.30	9.63	9.68	9.12	8.93	0.11
总计	65.45	62.12	54.02	45.76	57.87	42.37	26.58	46.17	44.44	33.24	44.78	45.70	27.61	41.73	1

附表 1-29 2015 年广西各地市制造业竞争力综合指数得分

指标	南宁	柳州	桂林	梧州	北海	防城港	钦州	贵港	玉林	百色	贺州	河池	来宾	崇左	权重
制造业平均工资	39.51	0.00	57.20	100.0	94.65	36.78	56.97	97.96	76.49	53.28	80.20	95.86	55.36	82.01	0.11
城镇化率	90.00	100.0	44.68	55.82	75.81	75.07	10.45	44.34	44.30	0.00	30.44	3.49	23.48	7.78	0.11
固定资产投资增速	55.27	48.96	74.27	47.30	56.85	28.22	74.69	100.0	60.58	45.64	61.41	43.57	0.00	95.02	0.13
制造业增加值增速	82.14	37.86	58.57	60.71	100.0	99.29	41.43	50.71	73.57	48.57	40.00	29.29	0.00	55.00	0.07
制造业从业人员数	86.69	100.0	73.17	55.80	17.50	1.51	24.95	31.85	72.04	16.49	0.00	9.21	4.65	4.35	0.07
制造业企业单位数	100.0	86.60	63.34	31.67	3.81	0.66	18.40	33.11	59.00	19.45	3.55	4.20	7.75	0.00	0.05

— 241 —

续表

指标	南宁	柳州	桂林	梧州	北海	防城港	钦州	贵港	玉林	百色	贺州	河池	来宾	崇左	权重
企业平均规模	26.87	66.45	21.10	16.17	68.01	100.00	48.51	14.07	0.00	77.44	21.32	82.28	42.12	59.78	0.07
人均资本投入	26.17	39.47	13.60	3.78	30.67	100.00	32.74	16.04	0.00	73.74	43.02	60.20	55.34	48.55	0.05
人均利润率	31.96	10.02	30.62	43.65	52.53	28.26	12.75	17.08	13.47	14.74	36.77	21.26	0.00	100.0	0.09
制造业企业拥有的广西名牌数	100.0	92.86	67.14	32.86	5.71	10.00	8.57	30.00	15.71	8.57	0.00	15.71	8.57	20.00	0.13
税收收入占 GDP 的比重	70.50	87.81	92.62	91.05	93.19	82.82	0.00	97.72	92.87	86.63	95.36	100.0	96.68	90.64	0.11
总计	65.60	61.18	57.31	52.68	56.87	48.76	30.26	53.99	48.05	38.95	40.63	43.52	27.08	54.73	1

附录二

关于促进贵港市物流业发展的建议

笔者所在课题组在接受制造业竞争力课题后，又按照贵港市政府有关领导要求，对贵港物流业做了适度研究。在市政府及各有关部门包括工信委支持下，课题组在调研制造业发展过程中，专程到市发改委、市交通运输局、桂平市政府和个别制造业企业了解物流业发展情况，获得了一些有益信息。在查阅相关资料，对比分析和展开讨论后，形成以下建议与意见，供政府决策参考。

一、刻画物流业定位可有新表述

在贵港市物流业发展定位上，各类不同发展规划者思路不同，规划组织和批准主体不同，存在不同的表述，给贵港市政府及相关职能部门带来一定困扰。

比如，《珠江—西江经济带发展规划》中提出，"加快建设广州、佛山、肇庆、梧州、贵港、南宁六大主要港口，积极发展云浮、柳州、来宾、百色、崇左五个重要港口"，并且要"规划研究进一步提高梧州至贵港、贵港至南宁段等航道标准"。另外，《珠江—西江经济带发展规划》在"综合性交通运输枢纽"建设中，还提出"支持贵港建设区域性航运枢纽，研究设立西江航运交易所"。

在《广西"十三五"物流业发展规划》中，对于贵港着墨不多，只把其作为"多节点"之一、"桂东南物流基地"之一。《贵港市"十三五"物流业发展规划》甚至认为，《广西"十三五"物流业发展规划》中关于贵港作为"区域性商贸物流中心"，明显低于南宁定位，甚至低于"梧州西江经济带物流中心城市"的定位，使"贵港市作为西江经济带重要节点城市优势并未彰显"，带有难以接受的口吻。

课题组认为，第一，发展定位是一个动态概念。现实中的规划研究者多是以现状做"静态"定位的，定位不准是规划研究的普遍现象。正确定位需要对政府行为进行判断。低定位可以通过高努力加以改变。比如，贵港汽车就是由无到有发展起来的，"第二汽车基地"的定位是政府争取来的。

第二，如果政府打算在物流业发展方面有所突破、有所作为，可以采取"就高不就低"的定位策略。

第三，不必过分拘泥于各类不同规划，关键是把握贵港自身特点。根据以往的研究规律，在同一个项目中涉及诸多城市定位时，规划编写者往往面临着既要归并同类、又要避免重复和利益冲突时遇到的"词不达意"情况，"定不准""摆不平"的情况在许多情况下同时存在。

第四，有些研究者自身表述存在矛盾。比如，《珠江—西江经济带发展规划》在"综合性交通运输枢纽"建设中，还提出"支持贵港建设区域性航运枢纽，研究设立西江航运交易所"。其判断单独看没有问题，问题在于，航运枢纽是专业化枢纽，而不是综合性枢纽。

基于以上理由，通过对诸多对贵港物流业发展定位的判断，以下定位可以采用：

（1）"西江流域核心港口城市"。这一表述来自《广西物流业"十三五"发展规划》"多节点"中的"贵港"项下。

（2）"区域性多式联运综合交通枢纽"。《贵港物流业"十三五"发展规划》提出，"连接华南、西南、中南、东盟区域性多式联运交通枢纽"。这一概念中的"华南、西南、中南"等于把珠江—西江经济带的许多城市的定位全部覆盖了，不大恰当。课题组建议，除了"区域性多式联运综合交通枢纽"外，也可以使用"桂东南多式联运综合交通枢纽"。

（3）"西江经济带重要物流中心"。这与贵港"十三五"物流业发展规划的定位基本一致。但鉴于广西壮族自治区已经出台了《珠江—西江经济带广西实施意见》，更加注重强调西江经济带的一面，因此建议，可先把西江经济带的竞争优势突出来。下一步，再确定"珠江—西江经济带重要物流中心"的城市策略。

（4）"一带一路"互联互通前沿节点城市。以上三个定位概念有两个强调西江，但西江大体呈现东西向。鉴于多式联运枢纽没有方向性概念，上述三个贵港物流业发展定位其实偏重于横向。但"一带一路"在贵港体现南北概念，而"互联互通"有物流含义，因此"一带一路"互联互通前沿节点城市是一个较好的表述。通过增加这一表述，既与国家大政方针相一致，物流的纵横向全方位关系也可就此确立。

（5）第二汽车物流基地。因为第二汽车生产基地的概念已经成立，第二汽车物流基地的概念也当然顺势成立。这一概念，也可以弥补自治区"十三五物流发展规划"重点工程中汽车物流基地中对贵港不置一词的缺陷。

当定位得到丰富时，定位中所涉及的概念、含义、后续建设方向与工程项目，都可以按照相关定位思路展开。

二、推动"一带一路"物流发展可有新路径

贵港的区位优势十分优越。首先，贵港处于广西壮族自治区的几何中心，便于向各个方向拓展物流，腹地较为广大；其次，贵港处于跨地区三大重点城市广州—南宁—柳州的三角地带；最后，贵港坐落在西江流域的中间位置。这样的区位，发展物流业可以大有可为。这里必须强调的是，柳州—南宁就是南北向的。而贵港居中，向南向北皆可自如展开。

从南向来看，除了贵港向南与北海方向接轨，推动贵港走海运通道外，也可以走南宁友谊关通道，未来还可以采取《珠江—西江经济带广西实施方案》中提出的路线图，即走沿贵港—隆安—硕龙高速公路开辟出的

进出越南通道。贵港目前从越南进口木薯等产品，回程可以出口新能源汽车零配件、陶瓷、水泥、服装等。南向通道还可以经南宁取道南昆线，经过边境进入老挝、泰国、缅甸等国，甚至走向南亚。只要经济上有利可图，南向的"新丝路"有多种可选路线。

丝绸之路经济带东西方向的物流也具有一定开拓空间。据《珠江—西江经济带广西实施方案》提出的规划，未来把渝新欧班列延伸到柳州。这一项目对贵港物流向西延伸极其重要。贵港可以参与柳州的配货，把贵港的一些优势产品诸如陶瓷、纸制品、服装等经由丝绸之路经济带打入中亚乃至中东欧。

三、补空港物流不足可有新思维

虽然贵港地理位置适中，但贵港在整个广西经济排名并不靠前，建设机场的经济需求不如经济规模相对靠前的城市，因而在全自治区建设机场的排位中相当长时间段轮不到贵港也属正常。但现在有一个重要机遇，就是南宁机场军民航空的分离调整。根据由国务院批复的《珠江—西江经济带发展规划》，明确了"推进南宁机场军民航分离"。中国社会科学院课题组个别成员初来贵港参加招标时，回程时曾因南宁机场航空军事管制滞留5个小时。而在当天机场的滞留人群中，最多有人推迟登机达9个小时。因而，把机场交由民航专用应是大势所趋。

但军用机场转到何处？目前似乎没有确定。但贵港可以争取。贵港有驻军，争取军用机场落户贵港，可以实行一体化安全保护而无须额外支付较多的安全成本，并且使贵港处在多兵种集中区域，便于广泛集成和利用军队资源。按照军民融合发展的政策思路，军用机场落户贵港，可以实行一定程度的军民合用、军民两用。至少，在民用方面部分开辟货运通道完全可能。如果这一目标达到，贵港将具有航空的新物流优势。

除此之外，贵港市还无须支付过多的管理与维护成本。目前，随着高铁的大范围建设，支线机场的客运竞争优势已不明显，国内不少支线机场甚至出现一定程度的亏损，需要地方财政弥补。笔者认为，从一个较长时期看，贵港独立建设本地机场的必要性不大。如果能够使得部分货运通过军民两用机场运输，既可弥补物流基础设施上的短板，同时也可与军队体系分担机场管理成本，是一种军民皆宜的共赢性安排。

当然，如果军用机场可以选定贵港，空域集团项目落户贵港的希望会大大增加。在区位选址上，可以考虑把新机场安排在贵港市区与桂平之间。但为了推动军用机场落户贵港，可以多做军方和民航的工作；同时，要利用好应急物流方案，现实演练如何在紧急状况下保障部队的物资供应，形成促进物流业军民合作发展的合力，并形成民拥军的良好氛围。

四、深化物流业改革可有新亮点

在贵港调研期间，贵港市个别部门的领导同志曾提出，要在贵港推进无水港建设。之所以有此一说，是因为天津已经建设了若干无水港。课题组认为，这一概念很好，体现改革思维，并且可以与贵港的保税物流中心形成良好互动。但课题组尚不清楚的是，这一项目是否被商务部和海关联合批准。假如国内已经在有海港的地区建设无水港，河流港口也不应成为贵港建设同类港的障碍。因而，如果"无水港"的概念在贵港成立，应尽快进行科学论证。同时，要对国内现有无水港经营运转进行全面考察。

还有一个改革举措是，建议争取电商物流试点城市。国家的《"十三五"电子商务发展规划》明确提出推动电子商务示范试点。贵港物流基础设施已有基础、物流业态丰富、物流需求不断增大，开展电商物流试点示范具有价值。建议向自治区和国家有关部委争取，把贵港纳入试点示范范围。

　　除此之外，调研中也发现存在一些其他问题，像指向珠三角的货运船回程空驶、贵煤运输回程运量不足等问题，说明贵港市在物流配货体系存在问题，需要建设更加全面的物流信息披露中心，也需要各类物流运载工具在市场化背景下加以合理有效地配置。但这也同样需要深化体制机制改革，打破部门所有界限，促进物流资源的横向整合。

后　记

多年来，笔者所在机构一直以深化理论研究、服务国家决策为己任，为党和国家的许多重大决策提供了诸多意见与建议，也得到了一些赞誉与荣誉。同时，身处国家级智库，研究人员也时刻关注各地经济与社会发展的需要，承担了许多为地方政府服务的任务，提供研究报告、规划方案和咨询建议，服务于地方政府的发展决策。2016年下半年，因缘际会，笔者接到了贵港市政府希望提升贵港制造业竞争力的研究需求信息，笔者十分关注这一南方城市发展，后在规范招投标程序的基础上，于2017年5月底接受了贵港市工信委交付的研究任务。

在签署合同后，课题组成员很快到达贵港进行深入调研，在走访了贵港市工信、商务、发改、园区、统计、招商引资等部门，调研了包括石卡园、覃塘园等园区，并走访了桂平市相关园区和专业镇的基础上，增进了对贵港市制造业发展的感性认识。尤其是在走访和交流的过程中，相关部门的官员对贵港课题组也谈了一些自己的发展意见、其他地区的经验与借鉴，以及可能遇到的问题与解决意见，在互相交流和意见交换甚至不同部门的切磋过程中，感受到贵港市各级干部期待做大做强制造业发展的期盼，也深化了贵港制造业进一步发展的认识。

回北京以后，所有研究人员都投入紧张的研究工作中，除了阅读贵港提供的材料外，所有研究人员都忙于查资料、找素材、做计算和写报告，通过数月紧张努力，基本上完成了课题报告初稿。在此过程中，还完成了两个政策建议，提供给贵港市政府领导，得到有关领导同志的肯定。在课题完成中期，课题组负责人应贵港市政府领导要求，前往贵港就课题研究进展、主要思路和结论等向贵港市市长农融同志、副市长黄星荣同志做了汇报，得到两位领导的一致肯定，课题组成员为此深受鼓舞。

本课题是一个典型的研究报告，不过，基于政府的要求和工作推动，也突出了政策导向。从课题开展时序、题目和内容可见，课题的研究是在贵港市"十三五"工业和信息化规划的基础上进行的，是对贵港市"十三五"规划的补充而不是取代。课题的开展和完成更多是以研究和分析为基础，当然也注重提出一体化的政策思路和解决方案，但与规划工作在性质上有较大的不同。本课题研究的政策依据主要是《中国制造2025》、《国务院关于印发"十三五"国家战略性新兴产业发展规划的通知》（国发〔2016〕67号）、《中华人民共和国国民经济和社会发展第十三个五年规划纲要》、《广西壮族自治区国民经济与社会发展第十三个五年规划纲要》、《广西壮族自治区工业和信息化规划》、《贵港市"十三五"工业和信息化规划》等，这些重要的政策性文件是课题组开展研究的基本遵循。

课题组在研究调研过程中，得到了贵港市委、市政府乃至相关部门尤其是工信委的大力支持与帮助。贵港市委副书记、市长农融同志及副市长黄星荣同志都对课题组的研究高度关注，并指示相关委办配合与支持课题组的调研和课题报告写作；贵港市原副市长、现河池市常务副市长韦朝晖博士给予课题组大力支持与协助，为课题组做了许多排忧解难工作。市政府甘靖康副秘书长召开多个部门领导与区县主管领导会议，向课题组详细介绍情况，深化了课题组对贵港制造业发展基础与问题的了解。作为项目直接管理部门的领导，贵港市工信委杨宗桂主任高度重视课题研究，一直关注和支持课题组工作；工信委主管规划工作原副主任、现贵港工业建设投资发展集团董事长陈晓东作为主要接待协调领导，给予课题组的研究以许多具体且细节性的帮助与支持。工信委不少相关科室有着有朝气且思维活跃的年轻同志，如魏勇博士对课题组的走访、调研和资料获取做了许多协调性帮助。桂平市政府副市长蒙星强对课题组在桂平的调研及与企业家的交流，予以多方协助与支持。对于这些帮助，课题组所有成员都铭记在心，也提醒自己不忘责任和担当。对于上述领导和工作人员对课题组的关心和支持，我们深表感谢。

在课题报告初稿完成后，报告被送交贵港市各产业、发改、金融、科技等部门审阅，相关部门提出了较好的修改意见，我们对此进行了修改。2018 年 1 月 16 日下午，在南宁市桂景大厦，广西壮族自治区的汪春伟、杨鹏、黎鹏、韦海明、彭新永五位教授从专业角度肯定了课题的研究成果和结论，也提出了许多有益的修改完善意见，对于课题组完善课题研究报告帮助极大。评审会后，课题组积极吸收广西专家的意见，对课题报告中的不足、缺漏之处，进行了较大幅度的调整和修正。十分感谢各位专家的辛勤努力，使得最终提交的报告不断完善。

本课题着眼于提升贵港制造业竞争力的诸多问题。整个课题报告主要遵循以下思路展开：从全球视野观察制造业竞争力提升的一般规律——贵港与广西其他城市制造业竞争力的比较——提升贵港制造业竞争力的优势与不足——提升贵港制造业竞争力的总体思路、方向、工作部署、保障措施等。课题组立足于一般城市发展规律与贵港崛起的特殊规律，力图把经验总结与实践调研、定性分析与定量分析、理论研究与政策研究结合起来，对提升贵港制造业竞争力提供一个理论可信、措施可行的路线指向。根据相关评审专家的意见，这一目的已经较好地实现。从全球到中国、从中国到广西、从广西到贵港，课题研究肯定了制造业对全球、国家、省区、城市的支撑作用，为贵港的工业兴市、工业强市提供了必要的理论支撑。虽然制造强国的实现需要强调地区分工，不必所有地区都强，但是强市是在竞争中产生的，能够在竞争中由兴市走向强市之路，应予以鼓励。从贵港与广西其他城市的比较中，课题组研究分析了贵港制造业所在竞争力位置及变动趋势；从贵港市近年来的巨大变化与政策举措比较中，课题组总结提炼了贵港模式，肯定了贵港模式的改革创新内涵，给予贵港模式以科学的理论分析与解释；从未来走向看，围绕贵港制造业的发展提出了提升贵港制造业竞争力的指导思想、定位、发展方向、建设工程及相关措施，并且罗列了一些具体的招商引资方向与具体建设项目。

习近平在党的十九大报告中指出，要"加大力度支持革命老区、民族地区、边疆地区、贫困地区加快发展，强化举措推进西部大开发形成新格局"。课题组深信，在形成西部大开发新格局中，贵港模式会进一步显示出其独特优势地位与竞争价值。

2018年5月初，广西壮族自治区党委书记鹿心社到贵港调研。在调研中，鹿心社对贵港的发展有了新的认识。根据新闻媒体的报道，"当地领导班子身先士卒抓项目、一任接着一任干，干部群众干事创业的精气神和拼劲给他留下深刻印象"。相关新闻媒体进一步报道说，"鹿心社希望全区上下见贤思齐，撸起袖子加油干，推动产业取得更大发展"。这是广西壮族自治区最高决策层对贵港推进工业强市工作的充分肯定。

2019年5月，《国务院办公厅关于对2018年落实有关重大政策措施真抓实干成效明显地方予以督查激励的通报》正式公布，20个省区、80个市（州）、120个县（市、区、旗）获得表彰，并获30项奖励支持措施。贵港市在促进工业稳增长、转型升级、实施技术改造方面成效显著，获得国务院办公厅的表彰奖励。该项奖励综合性强，竞争激烈，全国仅有14个地市获得表彰，而广西仅有贵港一个地级市获得表彰。而这，也显示了本书研究的价值所在。

尽管课题组在调研和写作报告中做出了巨大努力，付出了艰辛劳动，但作为一个篇幅较大的研究报告，本项研究成果不可能面面俱到，肯定存在很多细节性不足，甚至可能存在部分错漏，课题组提出的一些方向性建议还有待实践检验。另外需要补充说明的是，课题组计算出来的城市竞争力数值和排序数据，只作为学术研究结果和政府改进工作的参照，不能作为政绩考核的依据。

各章执笔人如下：第一章，周民良、褚永杰；第二章、第三章，郭叶波；第四章，周民良；第五章，周民良、梁祝；第六章，周民良；第七章，王才、周民良；第八章，梁祝、周民良；第九章，褚永杰、王才。另外，附录一执笔人为褚永杰，附录二执笔人为周民良。整个报告由周民良统稿完成。

在最终报告出版前，为使内容更加完善，笔者对其中的部分章节做了进一步修改处理。

本课题报告虽已完成，但课题组对于贵港的研究还是初步的。在课题组报告完成即将付梓之际，笔者深信，这一研究只是奠定了我们学习贵港、研究贵港、服务贵港的工作基础。

周民良
2020 年 5 月 1 日